Die sozialdigitale Revolution

Klimaneutral
Druckprodukt
ClimatePartner.com/12752-1803-1001

Zum Ausgleich für die entstandene CO_2-Emission bei der Produktion dieses Buches unterstützen wir die Erhaltung und Wiederaufforstung des Kibale Nationalparks in Uganda. Das Projekt trägt zum Klimaschutz bei, indem die Bäume bei der Photosynthese Kohlenstoff aus der Luft binden, es schützt die Biodiversität des tropischen Waldes und sichert 260 Arbeitsplätze.

Bibliografische Information der Deutschen Nationalbibliothek
Die Deutsche Nationalbibliothek verzeichnet diese Publikation in der Deutschen Nationalbibliografie; detaillierte bibliografische Daten sind im Internet über http://dnb.d-nb.de abrufbar.

Cover: Autorbild © Pietro Sutera, Covergestaltung unter Verwendung einer Abbildung von iStockphoto.com/nikada
Druck und Bindung: CPI books GmbH, Leck
ISBN 978-3-86774-597-0

Besuchen Sie unseren Webshop: www.murmann-verlag.de
Ihre Meinung zu diesem Buch interessiert uns!
Zuschriften bitte an info@murmann-publishers.de
Den Newsletter des Murmann Verlages können Sie anfordern unter newsletter@murmann-publishers.de

Thorsten Schäfer-Gümbel

Die sozialdigitale Revolution

Wie die SPD Deutschlands Zukunft gestalten kann

MURMANN
MURMANN PUBLISHERS

Inhalt

Einleitung
Die sozialdigitale Revolution

Die Revolution begegnet uns ständig und überall. Sie steckt im Kinderspielzeug ebenso wie in unserer Küchenmaschine, dem Fernseher und dem Auto. Wir tragen sie in der Hosentasche herum, nutzen sie am Schreibtisch und auf der Couch und könnten nicht mehr ohne sie auskommen, weder privat noch beruflich. Die Revolution ist, das kann man wirklich sagen, im Alltag angekommen. Haben wir damit aber auch schon verstanden, was sie mit uns macht?

Wenn über die Digitalisierung gesprochen wird, heißt es häufig, dass wir vor der vierten industriellen Revolution stehen. Dieser Name suggeriert, dass es bloß um eine nahtlose Fortführung der drei vorigen wirtschaftlichen Umbrüche geht, die die Menschheit bisher erlebt hat. Dass wir nur zurückschauen müssen, um zu lernen, wie sich die Zukunft bewältigen lässt. Und zum Teil ist das richtig. Wie schon zuvor sind es auch jetzt wieder neue Technologien und Prozesse, von denen der Impuls ausgeht und die den Wandel in Gang setzen: War es Mitte des 19. Jahrhunderts in Deutschland die Mechanisierung handwerklicher Tätigkeiten, ab 1920 die systematische Arbeitsteilung und ab etwa 1970 die massenhafte Einführung des Computers, so ist es heute die Vernetzung der Welt mithilfe des Internets und unzähliger Sensoren.

Andererseits greift das zu kurz. Der Begriff der vierten industriellen Revolution verdeckt, welche gravierenden Folgen die angestoßenen Veränderungen für die gesamte Gesellschaft im 21. Jahrhundert haben. Sie werden größer sein als je zuvor. Wir stehen vor vielen Herausforderungen, wir leben in einer Zeit des tiefgreifenden Wandels. Ich will nur vier – aber für mich zentrale – benennen. Erstens: Die Digitalisierung schreitet mit einer nie zuvor gesehenen Geschwindigkeit voran. Ihre Erfindungen erfassen

Branchen, Regionen und Länder nicht mehr wie früher Schritt für Schritt, sondern sie wirken global und breiten sich dynamisch aus. Die Wechselwirkungen, seien sie positiver oder negativer Art, sind mit unseren Erfahrungen aus der Vergangenheit nicht vorhersagbar. Das Smartphone, dessen Durchbruch vor gerade mal elf Jahren stattfand und das seitdem weltweit schon längst zu einem unentbehrlichen Alltagshelfer, Business-Werkzeug und Spielzeug geworden ist, ist dafür nur das offensichtlichste Zeichen. Es ist höchste Zeit, dass wir einen Überblick über den Wandel in all seinen Auswirkungen bekommen. Gerade die Geschwindigkeit dieser Veränderung fordert uns alle heraus. Zweitens: Der Wandel ist umfassend und tiefgreifend, radikal. Er betrifft unser Privatleben genauso wie den Berufsalltag, lässt Zweifel an unserem Bildungssystem entstehen, stellt unseren Sozialstaat, die Demokratie und unsere soziale Marktwirtschaft infrage und wirft existenzielle ethische Fragen auf. Wir sind dringend gefordert, diese Entwicklungen zu steuern, statt uns von ihnen überrollen zu lassen. Drittens: Die Erderwärmung, das wesentliche ökologische Problem unserer Zeit, zwingt uns zu einem Umdenken in allen Bereichen, auch in der Wirtschafts- und Gesellschaftspolitik. Wenn wir unseren Kindern und deren Kindern eine selbstbestimmte Zukunft ermöglichen wollen, müssen wir unseren CO_2-Ausstoß drastisch reduzieren. Alle Staaten reagieren trotz des Pariser Klimaabkommens noch viel zu träge auf die drohende Klimakatastrophe, auch Deutschland, weil wir unser Handeln und wirtschaftliches Wachstum auf dem Verbrauch der Natur aufgebaut haben und es uns jetzt sehr schwerfällt, mit diesen Gewohnheiten, die sich bis in den Konsumalltag festgesetzt haben, zu brechen. Die Digitalisierung kann dabei helfen, diese Herausforderung zu lösen, gleichzeitig verschärft sie aber auch die Aufgabe. Und viertens verändert die Globalisierung die Räume, in denen wir Entscheidungen treffen und Veränderung gestalten können, nachhaltig. Die neue Komplexität oder Unübersichtlichkeit unserer Zeit hat viel mit diesen und weiteren Fragen zu tun. Gerade die vier benannten Herausforderungen wirken aufeinander ein, verkomplizieren Lösungen und Handlungsmöglichkeiten. Wir müssen das aber nicht alles einfach geschehen lassen, wir können unsere Zukunft dennoch gestalten. Das erfordert zunächst eine lebendige Diskussion.

Wir müssen wieder in den Modus des Gestaltens kommen

Über die Herausforderungen der sozialdigitalen Revolution wird bisher zu wenig diskutiert und gestritten. Auch in meiner Partei, der SPD. Es gibt einen Grundkonsens beim Ausbau von Breitband und der digitalen Ausstattung von Schulen. Doch im letzten Bundestagswahlkampf war offensichtlich, dass die sozialen, wirtschaftlichen und ökologischen Folgen der Digitalisierung und damit die Frage, was wir aus diesen drängenden Themen machen, parteiübergreifend so gut wie gar nicht zur Debatte standen. Statt Perspektiven für dieses zentrale Zukunftsthema zu eröffnen, verlieren sich Entscheiderinnen und Entscheider in Politik, Wirtschaft und Gesellschaft häufig in kleineren und kurzlebigeren Themen.

Mit den Konsequenzen des technischen Wandels beschäftige ich mich schon sehr lange, nicht nur politisch. Meine Abschlussarbeit an der Universität habe ich zur europäischen Forschungs- und Technologiepolitik geschrieben, und in den ersten Jahren meines Landtagsmandats war die Technologiepolitik eines meiner Schwerpunktthemen. Mich faszinieren der technische Fortschritt und die Möglichkeiten, diesen für gesellschaftlichen Fortschritt zu nutzen. Mit meinem Buch will ich einen Beitrag dazu leisten, dass uns allen die Bedeutung des Wandels klarer wird, der nicht bloß als industrielle, sondern vielmehr als sozialdigitale Revolution verstanden werden muss. Warum das so ist, wie die Revolution wirkt, wer ihre Treiber sind, warum Firmen zu Netzwerken werden, was daraus für unseren Sozialstaat und die Bildung folgt und wieso Plattformunternehmen stärker reguliert werden sollten – das erkläre ich in den folgenden Kapiteln. Zugleich ist diese Zustandsbeschreibung bloß die Basis für unsere eigentliche Aufgabe: Wir müssen wieder in einen Gestaltungsmodus kommen. Der Wandel ist so schnell, dass eins nicht passieren darf: dass wir die Augen verschließen. Politische Handlungsfähigkeit ist immens wichtig. Wir müssen anfangen, wieder Zukunftsentwürfe anzufertigen, Fragen zu stellen und diese dann auch zu beantworten. Wie wollen wir leben? Was wünschen wir uns? Wie gelingt es, die Wirtschaft und Gesellschaft so umzubauen, dass sie die Umwelt nicht zerstören? Und welchen Beitrag können digitale Technologien dazu leisten? Dazu gebe ich in den Kapiteln Ideen und Anregungen und stelle zukunftsweisende Projekte vor.

Die Gestaltung der sozialdigitalen Revolution ist eine Aufgabe für alle gesellschaftlichen Akteure, nicht nur für die Politik. Aber es ist die besondere Aufgabe und auch Pflicht der Politik, hierfür den Anstoß zu geben, Diskussionen auszulösen und Maßnahmen umzusetzen, die sich positiv für uns alle auswirken. Aktuell dreht sich die Debatte viel zu ausschließlich um Fragen der digitalen Infrastruktur oder auch in sehr verkürzter und allgemeiner Form um Schlagworte wie Datenschutz oder Arbeitsplatzabbau. Um hier nicht missverstanden zu werden: Diese Fragen sind von großer Bedeutung. Selbstverständlich muss zum Beispiel das Problem der technischen Infrastruktur gelöst werden. Das ist aber nur eine notwendige und ganz sicher keine hinreichende Bedingung, um den Herausforderungen der sozialdigitalen Revolution zu begegnen. Wir müssen diese Fragen umfassender und tiefer behandeln, um gute Ideen dafür zu entwickeln, wie wir die sozialdigitale Revolution zum Wohle aller gestalten können.

Ich liefere in meinem Buch erste Antworten auf die Herausforderungen durch die sozialdigitale Revolution. Aber abgeschlossene Antworten sind das nicht. Sie sollen vielmehr ermutigen, in größeren Zusammenhängen zu denken, und alle, die in Regierungen und Parlamenten Verantwortung tragen, daran erinnern, dass es unsere Aufgabe ist, im Sinne des

Gemeinwohls zu agieren und nicht nur zu reagieren – mit den unterschiedlichen Sichtweisen, Haltungen und Wertvorstellungen, die jede und jeder Einzelne mitbringt. An meine Genossinnen und Genossen, aber auch an meine Kolleginnen und Kollegen in den anderen demokratischen Parteien appelliere ich: Lassen Sie uns zeigen, dass es »die Politikerinnen und Politiker« nicht gibt, sondern dass wir sachlich und respektvoll um die richtigen Antworten ringen. Und lassen Sie uns die notwendigen Debatten jetzt starten. Das Tempo und die Komplexität der Veränderungen fordern auch uns permanent. Es darf aber keine Entschuldigung sein, sich den Herausforderungen der sozialdigitalen Revolution nicht zu stellen. Im Gegenteil. Es wäre geradezu paradox zu denken, dass wir machtlos sind. Gerade die Digitalisierung hilft ja dabei, Kompliziertes einfacher zu machen. Wir müssen sie nur richtig einsetzen.

Natürlich ist das leichter gesagt als getan. Umbrüche verunsichern. Sie kratzen am Selbstverständnis und Fundament einer Gesellschaft. Das war bei vorigen Umwälzungen so, und das ist jetzt, zu Beginn des 21. Jahrhunderts, nicht anders. Wem es gut geht, befürchtet, seinen erarbeiteten Wohlstand zu verlieren. Wer wenig verdient, sieht kaum Möglichkeiten, Wohlstand zu erreichen. »Ich will, dass es meinen Kindern einmal besser geht« – diesen Satz höre ich nur noch selten, wenn ich auf der Straße, bei Veranstaltungen oder in Unternehmen mit Menschen spreche. Weil viele das Gefühl umtreibt, dass das Leben für die nächste Generation schwieriger wird. Uns scheint die Zuversicht abhandengekommen zu sein, mit der wir früher nach vorne geschaut haben. Es werden mit der Zukunft keine Verbesserungen mehr verbunden, weil man erlebt, dass Errungenschaften, die wir erzielt haben, unter massiven Druck geraten. Viele aus der Mittelschicht, denen ich begegne, blicken zurück, wenn ich sie danach frage, was sie sich erhoffen. Sie sprechen von Werten und Idealen, die wir schon einmal hatten: mehr Zeit, Entschleunigung, materielle Sicherheit, ein Leben im Kreise der Familie – gerade jüngeren Menschen, die Mitte zwanzig sind, scheint der letzte Punkt wieder wichtig zu werden. Sie sagen, dass sie nicht erst Karriere machen und bis Ende dreißig oder noch länger warten wollen, um Kinder zu bekommen. Sie suchen nach Rückzugsorten und Umgebungen, in denen sie sich wiederfinden und die sie verstehen.

Dass diese Wünsche heute auf eine stark verdichtete Arbeitsrealität prallen, gehört zu den Widersprüchen und Merkmalen der sozialdigitalen Revolution. Wer mithalten und den Wandel gestalten will, muss jederzeit bereit sein, sich zu verändern. Darauf lässt sich aber nur ein, wer abgesichert ist und weiß, dass er oder sie im Falle einer Arbeitslosigkeit geschützt ist und das Erreichte nicht verliert – was durch den rasanten Wandel wiederum infrage gestellt wird.

Die SPD hat gezeigt, wie man aus Wandel Fortschritt macht

Auf die Frage, wie es gelingt, beide Seiten in Einklang zu bringen, darauf hat auch die SPD noch keine überzeugenden Antworten. Sie muss aber welche finden, und sie kann das. Keine Partei weiß besser, wie man sich in Zeiten starker Umbrüche verändern sollte und gleichzeitig seinen Grundsätzen treu bleibt. Die Geschichte der SPD ist eng verknüpft mit historischen Zäsuren, das begann schon vor ihrer Gründung mit dem Weberaufstand 1844. Im preußischen Schlesien, der Weber-Hochburg des Kaiserreichs, forderten Arbeiter mehr Lohn von den Fabrikanten, weil sie sich keine Lebensmittel mehr leisten konnten. Die Industriellen verwiesen auf die ausländische Konkurrenz. Vor allem aus England, wo die Industrialisierung schon früher eingesetzt hatte und die Textilarbeiter an moderneren Maschinen fertigten, kamen bessere und billigere Waren und setzten die Produzenten unter Druck. Einige Fabrikanten nutzten diese wirtschaftliche Lage aus und zwangen ihre Weber zu immer längeren

Arbeitszeiten bei immer geringeren Löhnen – bis die Not unter den Beschäftigten zu groß wurde. Zu Hunderten stürmten sie die Fabriken und Villen der Industriellen. Erst das Militär konnte den blutigen Kampf nach drei Tagen beenden.

Dieser Aufstand war nicht der erste in der Geschichte der Weber. Vorige Auseinandersetzungen hatten zum Teil mehr Demonstranten angezogen und waren brutaler gewesen. Trotzdem ist vor allem dieser Machtkampf bekannt geworden. Er war Ausdruck einer grundlegenden Verunsicherung, die der Übergang von der handwerklichen in die durch Maschinen geprägte Arbeitswelt verursachte. Die schlesischen Weber waren Vorreiter bei dem Versuch, ihre Interessen in die eigenen Hände zu nehmen und sich gegen das Diktat des Kapitals zu wehren. Persönlich erfolgreich waren sie damit nicht. Die Männer wurden zu Haftstrafen und Peitschenhieben verurteilt. Aber ihre Idee lebte weiter. Schriftsteller, Journalisten und Dichter verbreiteten sie – und die Gründung der Sozialdemokratie 1863 war auch eine Reaktion auf den Widerstand der Weber. Das Ziel war es, den Arbeitern eine politische Stimme zu geben.

Später, während der zweiten industriellen Revolution, die um 1920 herum begann und ausgehend von den USA im sogenannten »Fordismus« und »Taylorismus« die zunehmende Arbeitsteilung in den Fabriken zur Folge hatte, ist es auch der SPD nicht gelungen, den Faschismus und damit den Zweiten Weltkrieg zu verhindern. Trotzdem ist diese Zeit ebenfalls ein Paradebeispiel für die Transformationserfahrung der Partei. Durch die Gründung der Arbeiterwohlfahrt unter Führung von Marie Juchacz trieb die Hauptabteilung des Parteivorstands vor allem die Armutsnachsorge voran und entwickelte den Wohlfahrtsstaat maßgeblich weiter. Auf der anderen Seite gelang es dem zweiten Arm der Arbeiterbewegung, den Gewerkschaften, das Mitspracherecht in immer mehr Betrieben durchzusetzen. In ähnlicher Weise gelang das zumindest der Regierungspartei SPD auch Ende der 1960er- und Anfang der 1970er-Jahre, als im Zuge der dritten industriellen Revolution Arbeitsplätze durch Computer ergänzt und ersetzt wurden. Damals regierte sie sehr erfolgreich, unter anderem aufgrund einer sehr ausgeprägten wirtschaftspolitischen Kompetenz, die vor allem makroökonomisch ausgerichtet war, und begleitete viele Strukturwandel sozialpolitisch – Errungenschaften wie die Einführung der Lohnfortzahlung im Krankheitsfall wirken bis heute. Ein Wermutstropfen bleibt allerdings: Die Sozialdemokratie als politische Bewegung hat Teile der sich verändernden (Arbeits-)Gesellschaft verloren.

Sprachlosigkeit nach dem Mauerfall

Dass die SPD in dem momentanen Wandel zu wenig Perspektiven aufzeigt, hat mehrere Gründe. Global betrachtet ist die Sprachlosigkeit eine Folge des Endes der Ost-West-Konfrontation und des Erfolgs des Marktradikalismus. Nach 1989 glaubte man, dass die wesentlichen Konflikte um Frieden, Sicherheit und Wohlstand gelöst seien. Francis Fukuyama sprach sogar vom Ende der Geschichte – die Zeit der großen Erzählungen und der Blockkonfrontation sei überwunden. Damit ging aber auch für viele ihre politische Orientierung, im Guten wie im Schlechten, verloren. Die sozialökologische Frage hätte das Potenzial gehabt, dieses Vakuum zu füllen, wurde aber an eine Sparten- und Ein-Themen-Partei ausgegliedert und nicht zu einer gesellschaftspolitischen Auseinandersetzung. Bald geriet dann auch der Siegeszug des erfolgreichen Wohlstandsmodells westlich-liberaler Demokratien ins Stocken, weil es sich im Zuge der sozialökonomischen Verwerfungen in Osteuropa und Ostdeutschland in den 90er-Jahren für einen erheblichen Teil der Menschen nicht erfüllte. Stattdessen veränderte sich der Charakter der sozialen Marktwirtschaft, die doch eigentlich am gesellschaftlichen Konsens und sozialer Stabilität orientiert sein sollte, mit dem Aufkommen der Marktradikalen fundamental: Die Globalisierung und der Finanzkapitalismus trieben und treiben die Spaltung und Entfremdung innerhalb der Gesellschaften immer schneller voran – jetzt mithilfe der Digitalisierung. Achtzig Superreiche, so hat es die Nichtregierungsorganisation Oxfam ausgerechnet, besitzen mehr Vermögen und Eigentum als 3,5 Milliarden Menschen, die Hälfte der Weltbevölkerung. Bei uns in Deutschland sind es dem Deutschen Institut für Wirtschaftsforschung zufolge 45 Reiche, die so viel besitzen wie die ärmere Hälfte der Bevölkerung.

Dazu kommt ein Konflikt, der die SPD immer noch belastet: die schwierigen Auseinandersetzungen zwischen Oskar Lafontaine und Gerhard Schröder über die Agenda 2010 und die Gründung der WASG. Dieser Konflikt erschwert bis heute die offenen Debatten. Wenn aber ein falsches Verständnis von Geschlossenheit dominiert und Verhandlungen immer einstimmige Entscheidungen zur Folge haben sollen, verwischt man unterschiedliche und erst recht gegensätzliche Positionen. Sie lassen nicht die Pluralität erkennen, die eine Demokratie ausmacht. Dabei ist ein politischer Kompromiss etwas Gutes. Er gehört ebenso zu einer funktionierenden Demokratie. Doch er muss so gestaltet sein, dass eine klare Haltung der SPD erkennbar und damit auch orientierend bleibt.

Die digitale Logik führt zu inhaltslosem Dogmatismus

Ich möchte mich streiten. Streiten über den richtigen Weg. Ich will meine Ideen und Positionen ausbreiten und ausloten, welche davon schon eine Mehrheit überzeugen. Ich will Kritik hören, sachliche, fundierte, die frei von Dogmen und getragen von Überzeugungen ist. Und die frei von persönlicher Diffamierung oder Stigmatisierung ist (das ist für mich ein wichtiger Aspekt angesichts der aktuellen politischen Kultur). Das bringt mich weiter, das schärft meine Wahrnehmungen und Meinungen. Manche sagen, dass es schon genug Wortgefechte gibt in letzter Zeit, auf der Straße, in den Medien, auf Facebook und Twitter. Das mag sein, zugleich ist mein Verständnis von Auseinandersetzung ein anderes. Ich meine das Abwägen und Gewichten von Fakten, den Respekt vor anderen Argumenten und das Bewusstsein, dass die Gesprächspartnerin oder der Gesprächspartner möglicherweise recht haben könnte. Diese Kultur verlieren wir gerade. Sie wird ersetzt durch die digitale Logik, wonach es nur zwei Positionen gibt: 0 oder 1. Gefällt mir oder gefällt mir nicht. Wenn du nicht für mich bist, bist du gegen mich. Diese denkfaule Haltung befördert nicht nur eine Dienstleistungsdemokratie, bei der man am Rande steht und Dinge von außen bewertet, sondern sie untergräbt unsere Demokratie im Ganzen. Der Sozialdemokrat Georg-August Zinn, der von 1950 bis 1969 Ministerpräsident Hessens war, hat einmal gesagt: »Demokratie ist nicht nur eine Staatsform, sondern eine Lebenshaltung.« Der Satz bringt das Grunddemokratische auf den Punkt. Der Zustand einer Demokratie ist nicht abhängig davon, was in Regierungen und Parlamenten passiert, sondern wie jeder Bürger und jede Bürgerin sie lebt. Im Zuge der Digitalisierung laufen wir jedoch Gefahr, dass die Erkenntnisse aus der Aufklärung und dem Humanismus, die uns sehr viele Fortschritte ermöglicht haben, an Wert verlieren. An ihre Stelle tritt mehr und mehr ein Dogmatismus, der Fakten als Fälschungen bezeichnet und der arm an gut begründeten Inhalten ist.

Bei vorigen industriellen Umbrüchen ging der Wandel von Produzenten x-beliebiger Konsumgüter aus. In der sozialdigitalen Revolution hingegen sind es IT- und Kommunikationsfirmen – und über ihre Kanäle läuft inzwischen nicht nur ein bedeutender Teil unserer privaten und politischen Debatten, sondern sie bestimmen auch die Spielregeln der Meinungsbildung. Aus ökonomischer Sicht ist es eine bemerkenswerte Leistung, dass Plattformkonzerne wie Facebook, Microsoft, Tencent, Apple, Alphabet, Alibaba oder Amazon die Vorteile und Folgen der Digitalisierung so früh erkannt und so konsequent genutzt haben. Sie erreichen Tag für Tag Milliarden von Menschen, haben einstige Giganten der Wirtschaft auf die Plätze verwiesen und führen die Liste der wertvollsten Unternehmen an. Aus ordnungspolitischer und demokratischer Sicht ist ihre Machtfülle inzwischen zu einer Gefahr geworden. So segensreich und positiv viele ihrer Services für uns alle sind, ist doch die Wirkung ihres Handelns auf unsere Gesellschaft und unseren Staat zu hinterfragen oder einzudämmen. Plattformunternehmen bieten ein immenses Warenangebot und helfen uns, darin zu finden, was wir suchen. Zugleich entziehen sie uns Mittel, weil sie ihre Gewinne in Niedrigsteuerländern versteuern, wie es Amazon tut (dass hierbei unter den europäischen Ländern zu wenig Solidarität herrscht, gehört zu einem der größeren Themen, die wir in Europa lösen müssen). Sie helfen uns, unsere Konsumbedürfnisse bequem von zu Hause aus zu erfüllen. Zugleich schaffen sie Arbeitsverhältnisse, die befristet und prekär sind und unter hohem Arbeitsdruck stehen, wie die Online-Versandhäuser. Sie machen die Suche nach einer Urlaubsunterkunft in coolen Städten und jenseits teurer Hotels oder muffiger Pensionen einfach. Zugleich verschärfen sie soziale Probleme, wie zum Beispiel Airbnb auf dem Miet- und Wohnungsmarkt, übernehmen aber keinerlei Verantwortung dafür. Sie helfen uns, in kürzester Zeit die Informationen zu finden, welche wir suchen. Zugleich beeinflussen sie auf von uns nicht zu steuernde Weise unser Weltbild, wie Google, dessen Algorithmen für die Anzeige von Suchergebnissen intransparent sind. Sie schaffen Nähe, ermöglichen Kommunikation mit unseren Freunden auch über größere Entfernungen hinweg und helfen uns, neue Freunde zu finden. Zugleich schwächen sie unsere Fähigkeit zu demokratischem Diskurs, wie Facebook, wo abweichende Meinungen schon aufgrund der Einstellungen der Plattform ausgeblendet werden. Sie bieten Möglichkeiten für schnelle und massenhafte Kommunikation, die wie im sogenannten Arabischen Frühling sogar dazu beitragen kann, dass autoritäre Regierungen stürzen. Zugleich tragen sie zur Verrohung unserer Diskussionskultur bei, wie Twitter, wo Hate Speech und Fake News um sich greifen, ohne dass das Unternehmen sich hierfür wirklich für zuständig hält. Sie sorgen dafür, dass jeder eine Stimme hat und gehört werden kann. Zugleich sind sie angreifbar für Manipulateure von außen, welche mit Botnetzen und bezahlten Trollen in den sozialen Medien Stimmung und Meinung machen, um ihre geopolitischen Interessen zu befördern. Sie machen das Leben der Bürgerinnen und Bürger in vieler Hinsicht einfacher und komfortabler. Zugleich lassen sie sich von autokratischen Regierungen zur Überwachung und Unterdrückung Andersdenkender nutzen.

Diese negativen Wirkungen sind erschreckend und schwerwiegend. Sie mögen dem Wunschtraum eines Autokraten entsprungen sein. Mit meinem Bild eines demokratischen, toleranten, gerechten und fortschrittlichen Gemeinwesens sind sie jedenfalls nicht zu vereinbaren Es geht mir nicht darum, der Digitalisierung per se den Kampf anzusagen. Wie gesagt, sie bringt uns allen Fortschritt. Und ich wünsche mir, dass wir davon alle weiterhin profitieren. Doch wir müssen jetzt handeln, um die negativen Entwicklungen zu verhindern, begrenzen und umzukehren. Für Plattformunternehmen heißt das: Sie müssen entschlossen reguliert und zu Transparenz und Öffnung gezwungen werden. Niemand außer uns Bürgerinnen und Bürgern, vertreten durch Initiativen, Vereine, Verbände und nicht zuletzt Parteien, kann und wird dafür sorgen, dass die sozial-digitale Revolution wirklich zum Wohle aller führt. Dazu brauchen wir regionale, nationale, aber ganz sicher auch und besonders europäische Rahmen, beispielsweise in Form einer europäischen Kartellbehörde, die einen diskriminierungsfreien und transparenten Betrieb marktbeherrschender und systemrelevanter Plattformen gewährleistet.

Als Maßstab für eine zukunftsgewandte Ökonomie muss der Grundsatz gelten, dass Unternehmen den Menschen zu dienen haben. Nicht umgekehrt. Wirtschaft und Arbeit sind Mittel zum Zweck, damit Menschen sich entfalten und emanzipieren können. Der Markt spielt dafür eine wichtige Rolle: Er bietet vielfältige Möglichkeiten, bringt Angebot und Nachfrage zusammen und sorgt für Vergleichbarkeit – muss aber, um das zu gewährleisten, vom Staat gelenkt werden. Laissez-faire-Politik und marktradikale Konzepte führen nur zu mehr Ungleichheiten und sind das Gegenteil von dem, was wir benötigen. Auch das immer noch verbreitete Modell des »Homo oeconomicus«, das besagt, dass die Wirtschaft profitiert, wenn jeder Mensch stets zweckrational zu seinem Vorteil handelt, ist nicht mehr zeitgemäß und bedarf dringend einer Neubewertung.

Der digitale Achtstundentag des 21. Jahrhunderts

Die SPD ist keine Partei der Maschinenstürmer, trotz ihrer Herkunft. Nicht der Umsturz war und ist das Ziel unserer Politik, sondern die Reform der bestehenden Verhältnisse. Konstruktiv und zukunftsgewandt. Diese Verantwortung muss die SPD jetzt wieder wahrnehmen. Das kann bedeuten, dass man als Partei der kleinen Schritte wahrgenommen wird. Ein Blick zurück zeigt allerdings, dass Reformen nie schnell erreicht wurden. Von der Gründung der Sozialdemokratie bis zur gesetzlich verpflichtenden Einführung des Achtstundentags 1918 vergingen mehr als 50 Jahre. Ähnlich verlief es bei den Kranken- und Sozialversicherungen oder der betrieblichen Mitbestimmung, um die im digitalen 21. Jahrhundert weiter gerungen werden muss. Das alles kam nicht über Nacht. Es erforderte Ausdauer und Überzeugungskraft. Aber dann wirkten die Veränderungen konkret im Alltag sehr vieler Menschen. Sie waren nicht abstrakt.

An diesen reichen Erfahrungsschatz sollten sich alle Sozialdemokratinnen und Sozialdemokraten erinnern und gemeinsam die Herausforderungen der sozialdigitalen Revolution anpacken. Es geht darum, in der zersplitterten Gesellschaft des 21. Jahrhunderts das digitale Synonym des

Achtstundentags herauszuarbeiten und diesen Kern in zukunftsfähige Politik zu übertragen.

Hierfür haben wir allerdings keine 50 Jahre Zeit. Dafür ist die Lage zu drängend. Die Marktmacht der Plattformkonzerne wird stetig größer, die Interessen der digitalen Akteure – ob Konzerne oder Staaten – werden uns nicht wohlgesinnter. Und die sozialdigitale Revolution schafft täglich Fakten. Ich mache in meinem Buch Vorschläge, wie wir ins Planen und Handeln kommen können – und ich möchte die Diskussion darüber anstoßen, denn wir benötigen sie dringend.

Um einen positiven Verlauf der sozialdigitalen Revolution zu erreichen, müssen wir auch wieder international denken, wie schon zu Zeiten der Nationalökonomie im 19. Jahrhundert, als das Kapital innerhalb der Grenzen des eigenen Staats organisiert war. Als Gegenreaktion internationalisierte sich die deutsche Arbeiterbewegung. Sie schloss Allianzen mit Sozialdemokratinnen und Sozialdemokraten in anderen Ländern und tauschte sich aus.

Heute ist das Verhältnis umgekehrt. Der Finanzmarkt kennt faktisch keine Grenzen mehr, und der Ordnungsrahmen ist national organisiert. Zwar existieren auf dem Papier internationale Pendants: im Europäischen Gewerkschaftsbund, innerhalb der Euro-Betriebsräte und in der Sozialdemokratischen Partei Europas. Tatsächlich aber sind das bloß zarte Pflänzchen. Über die jeweiligen Interessen und die Entwicklung eines gemeinsamen Bildes von einer freiheitlichen, gerechten und solidarischen Zukunft wird nicht gesprochen. Eine europäische Arbeitsmarktpolitik? Ein europäischer Sozialstaat? Solche Pläne existieren nur in Ansätzen. Warum? Weil wir sehr unterschiedliche politische Kulturen und Sozialstaatssysteme haben. Und es momentan keinen gemeinsamen Konsens und Gestaltungswillen gibt. Die Entfernungen sind groß, die Sprachen zu unterschiedlich, die kulturellen Unterschiede zu tief verankert – da bleibt jeder lieber bei seinem eigenen Tagesgeschäft, das ohnehin schon mehr Zeit frisst, als man zur Verfügung hat. Doch das ist der falsche Weg. Wir müssen unsere Kräfte vereinen. Nicht nur mit Blick auf die Auswüchse des Finanzkapitalismus ist es aber erforderlich, wieder europäisch und im größeren internationalen Verbund zu denken und zu handeln. Sondern auch und gerade mit Blick auf die Plattformökonomie. In Ländern, die wie wir daran glauben, dass offene Märkte mit klaren Regeln für alle am besten sind, kennen die Produkte und Services der Plattformkonzerne so gut wie keine Grenzen.

In wirtschaftlicher, politischer und gesellschaftlicher Hinsicht gibt es jedoch scharfe Grenzen zwischen den Profiteuren der Plattformökonomie und denjenigen, mit denen und gegen deren Wohl Profit gemacht wird. Die Plattformökonomie nutzt zu wenigen und schadet zu vielen. Hinter den Plattformunternehmen stehen die Interessen mächtiger Konzerne, aber auch ganzer Staaten mit ihren autoritären Vorstellungen und Zielsetzungen. Wir erhöhen unsere Chancen, die sozialdigitale Revolution zum Wohle aller zu formen, wenn wir gemeinsam mehr Gewicht aufbringen. Deswegen Europa.

Zukunft gestalten – der Auftrag der SPD

Wenn eine politische Kraft versteht, wie man aus technologischem Fortschritt gesellschaftlichen Fortschritt macht, ist es die Sozialdemokratie. Das haben wir in der ersten und zweiten industriellen Revolution mehr als eindrucksvoll bewiesen. Auch in der dritten industriellen Revolution konnte die sozialdemokratische Regierungsarbeit entscheidend begleiten. Der Sozialdemokratischen Partei selbst ist das in Programmatik und Organisation aber nicht gut gelungen. Deshalb sind der Umgang und die Gestaltung der Digitalisierung als vierte industrielle Revolution sowohl eine Herausforderung als auch eine Chance für die Sozialdemokratie, an alte Stärken anzuknüpfen und Reformpolitik wieder als etwas Positives zu entwickeln.

Meine Partei, die SPD, befindet sich wieder einmal in einer entscheidenden Phase, während ich dies schreibe. Mit meinem Buch will ich einen Beitrag leisten und zeigen, dass die SPD die Zukunft unseres Landes maßgeblich und führend mitgestalten kann, wie sie es bereits bei den vergangenen industriellen Umbrüchen getan hat. Für unsere gemeinsame digitale Zukunft ist nichts wichtiger als sozialdemokratische Grundwerte wie Freiheit, Gerechtigkeit und Solidarität. Angesichts der Digitalisierung gilt es für die SPD insbesondere, die Interessen derer zu vertreten, die sich durch die sozialdigitale Revolution bedroht sehen, und Chancen für alle zu eröffnen. Und es gilt für die SPD, die demokratische Teilhabe aller im digitalen Zeitalter zu sichern. Keine andere Partei ist in einer solchen Weise dazu aufgerufen und in der Lage, die politische Aufgabe zu erfüllen, welche die sozialdigitale Revolution uns stellt. Dies zu tun ist ein Weg, der auch die SPD in eine gute Zukunft führen wird.

1. Kapitel
Neue Perspektiven für die Arbeitswelt – von der Arbeit zur Aufgabe

Ich arbeite leidenschaftlich gerne. Meine Arbeit ist meine Berufung. Die Möglichkeit, fast jeden Tag neue Menschen zu treffen, empfinde ich als eine große Bereicherung, die dazu führt, dass ich mich permanent weiterentwickeln kann. Ich arbeite sehr viel, weshalb ich meine Familie leider nur selten sehe. Trotzdem möchte ich meinen Beruf gegen keinen anderen tauschen. Zu versuchen, unsere Gesellschaft zu gestalten, im Kleinen wie im Großen, erfüllt mich. Meine Arbeit gibt mir einen Sinn.

So wie mir geht es auch sehr vielen anderen Menschen in Deutschland – Krankenschwestern und Postboten, Polizisten und Erzieherinnen, Ingenieurinnen und Buchhändlern. Ihre Arbeit sichert ihnen nicht nur ein Einkommen, sondern sie prägt auch einen wesentlichen Teil ihrer Identität. Menschen definieren sich über ihren Beruf. Er gibt ihnen die Chance, mit anderen Menschen zusammen zu sein, sich auszutauschen und gemeinsam etwas zu erreichen. Sie beziehen Anerkennung und Reputation aus dem, was sie vier, acht, zehn oder mehr Stunden am Tag tun. Deshalb lautet eine der ersten Fragen, wenn man jemanden kennenlernt, auch nicht »Was hältst du von dem neuen Entwurf zur Steuerreform?«, sondern: »Was machst du?«

In der Vergangenheit war es recht leicht, diese Frage zu beantworten. Wer einmal einen Beruf erlernt hatte, konnte über viele Jahre dabeibleiben, nicht selten sogar bis zur Rente. Die Digitalisierung macht das unmöglich. Sie krempelt alle Bereiche des Lebens um und stellt jeden Arbeitsplatz infrage. Ausnahmen gibt es nicht, wie ich in einer Schreinerei im hessischen Mücke im Vogelsberg erfahren habe. Ursprünglich hatte ich für meinen Besuch nur etwa 90 Minuten eingeplant. Es sollte um die wirtschaftliche

Lage des Betriebs, die Ausbildungssituation und Investitionen gehen – die Kreditvergabe der Banken ist immer ein Thema bei kleinen und mittelständischen Unternehmen: Wenn die Firmen kein Geld als Sicherheit haben, bekommen sie kein weiteres, und wenn sie welches haben, dann brauchen sie keins mehr. Bei dem Treffen kamen wir dann aber schnell – und deutlich länger als gedacht – auf die Digitalisierung zu sprechen. Die Mitarbeiterinnen und Mitarbeiter erzählten eindringlich, wie die neuen Technologien ihre Arbeit prägen.

Natürlich ist es nach wie vor eine sinnliche Erfahrung, eine Schreinerei zu betreten, das frisch geschnittene Holz zu riechen und die fertigen Möbel zu bestaunen, die auf ihre Auslieferung warten. Zum Teil ist es nur ein paar Tage her, dass die Bäume dafür aus einem Wald geholt wurden. In der Werkstatt werden sie veredelt. Tischler schleifen, hobeln, lackieren und beizen die Bretter und Platten und geben ihnen ein zweites Leben. Daran hat sich nichts geändert. Die Wurzeln des Handwerks, die bis ins Mittelalter zurückreichen, sind hier noch zu sehen. Und man spürt: Wer in einer Schreinerei anfängt, will nicht nur Geld verdienen, sondern auch etwas Langlebiges gestalten.

Mit einer klassischen Drehbank allein geht das aber längst nicht mehr. Unterstützt von Computern wird entworfen und gezeichnet. Laser fräsen sich mit großer Leichtigkeit durch dicke Platten, die elektronischen Instrumente messen präziser, als ein Mensch das je könnte. Architekten schicken ihre Daten elektronisch, die Schreinerei wiederum bereitet ihre Entwürfe als 3-D-Modelle auf, sodass die Kundinnen und Kunden ihr Möbelstück oder ihre Treppe übers Internet nach Belieben drehen und betrachten und virtuell in ein bestehendes Gebäude einfügen können. Diese Personalisierung ist den Kunden und Kundinnen sehr wichtig geworden, erklärt der Seniorchef. Jeder Auftraggeber und jede Auftraggeberin will jederzeit über jedes Detail mitbestimmen können. Den komplexen Maschinenpark, der dafür nötig ist, steuern die zehn Mitarbeiter der Firma über Softwareprogramme, und da sich die Technik laufend ändert, müssen sich auch die Kollegen regelmäßig fortbilden. Das kommt auf die ohnehin schon stark verdichtete Arbeit noch obendrauf, sagt der Seniorchef, der sich schon früh auf die Entwicklung eingestellt hat, damit mittlerweile erfolgreich ist und zum Beispiel die Innenausstattung der Filialen einer großen Supermarktkette in Hessen fertigt. Aber er kennt auch Betriebe, die, anders als er, solche Aufträge nicht mehr annehmen und sich nur noch auf Lohnarbeiten für andere Schreinereien beschränken müssen.

Immer mehr Maschinen nehmen uns die Arbeit ab

Arbeit – was sie ist und was wir darunter verstehen – hat sich immer schon verändert. Führte Gott sie im Alten Testament einst als Strafe für Adam und Eva ein, weil diese Früchte vom Baum der Erkenntnis aßen, so entwickelten die Menschen die Idee im Laufe der Jahrhunderte weiter: von der körperlich schweren Mühsal oder der Strapaze (welche der Ursprung des Begriffs Arbeit einst bezeichnete) über die entfremdende Industrie- bis hin zur heutigen Wissensarbeit. In der ersten industriellen Revolution ersetzte die Dampfmaschine den Webstuhl. In der zweiten um 1920 herum zerlegten die Fabrikbesitzer die Produktionsprozesse in ihre Einzelteile. In der dritten Phase, noch mal 50 Jahre später, kamen die Elektronik und die Computerisierung hinzu. Durch den Einsatz von Technologie konnten Menschen immer effizienter arbeiten. Sie wurden produktiver.

Jetzt, zu Beginn des 21. Jahrhunderts, werden alle Menschen, Gegenstände und Maschinen über Smartphones und Sensoren miteinander verknüpft. Es ist die vierte industrielle Revolution. Hinter dem Schlagwort stehen verschiedene Technologien: das »Internet der Dinge«, in dem selbst Kinderspielzeug und Kaffeemaschinen ans Netz angeschlossen werden;

die »Industrie 4.0«, die eine vollautomatische, fast autonom agierende Fabrik möglich macht; die Blockchain, die für verlässliche Transaktionen zwischen zwei Partnern die organisierende Instanz dazwischen ausschaltet; »Big Data«, das Sammeln und Auswerten riesiger Datenmengen; »Virtual Reality«, das Erschaffen virtueller Welten; künstliche Intelligenz, die versucht, menschliche Intelligenz auf Maschinen zu übertragen; »Machine Learning«, das maschinelle Lernen von Muster und Gesetzmäßigkeiten.

Die globalen Vordenker und Treiber dieser Technologien sitzen in drei Ländern: in den USA, und dort vor allem im kalifornischen Silicon Valley; in Israel, dessen Start-up-Szene im »Silicon Wadi« stark militärisch-industriell und damit technologisch geprägt ist; und in China, das in seinen Gründerzentren wie in Shenzhen große Projekte vorantreibt.

Gemein ist den digitalen Technologien, dass sie Prozesse automatisieren und effizienter machen können, für eine hohe Transparenz sorgen und eine bisher ungekannte Individualisierung ermöglichen. Gefragt sind nicht mehr pauschale Angebote, sondern maßgeschneiderte Dienstleistungen und Produkte in der »Losgröße 1«, wie es in der Fertigung heißt. Unternehmen sind herausgefordert, Einzelstücke in Serie herzustellen, Unikate vom Band. Was bisher ein Widerspruch in sich war und für Produzenten viel zu hohe Kosten nach sich gezogen hätte, kann die Digitalisierung jetzt möglich machen. Konkret bedeutet das zum Beispiel, dass es in einer Schreinerei nicht mehr reicht, im Akkord Möbel von der Stange zu produzieren – stattdessen müssen die vielfältigen Wünsche der Kundin umgesetzt werden. Sonst sucht sie sich im Netz eine neue Tischlerei.

Doch die Digitalisierung befördert noch einen weiteren Trend: weg vom Produkt und hin zum Service. So wird zum Beispiel in der Autoindustrie das einzelne Fahrzeug zum austauschbaren Gebrauchsgegenstand, zur »Commodity« – stattdessen rückt die Frage nach der Mobilität über Carsharing und andere Modelle in den Vordergrund.

Während sich in der digitalen Wirtschaft die Wertschöpfung weg vom Produkt und hin zum Service entwickelt, beobachten wir, wie die Kosten für die Herstellung und den Vertrieb digitaler Produkte derweil gegen null tendieren. Um einen Service wie WhatsApp zu programmieren, ist keine Fabrik nötig und müssen keine Industriemaschinen angeschafft werden. Geht er online, ist er augenblicklich weltweit verfügbar und kann von Usern heruntergeladen und installiert werden, die für ihre Flatrates nur noch ein paar Euro im Monat zahlen müssen. WhatsApp hat inzwischen mehr als 1,3 Milliarden Nutzer und Nutzerinnen, kommt aber seit der Gründung 2008 mit der gleichen Zahl von Mitarbeiterinnen und Mitarbeitern aus. Es sind gerade mal etwa 50.

Die Digitalisierung verändert »Made in Germany« radikal

Für den ingenieurgetriebenen Industriestandort Deutschland hat das tiefgreifende Folgen. Wir waren stets darauf fokussiert, die besten Produkte mit der größtmöglichen Qualität herzustellen. Unsere wegweisenden Erfindungen, darunter das Automobil und der erste Computer, haben das Label »Made in Germany« weltweit bekannt gemacht und Unternehmensdynastien begründet, die bis heute eine wichtige Rolle in den Leben vieler Menschen spielen. Jetzt ändert sich die Wertschöpfung – weg von der menschlichen Arbeitskraft und hin zur digitalen Dienstleistung, die auf dem Sammeln, Verknüpfen, Nutzen und Auswerten von Daten basiert, um Prognosen zu erstellen, aus denen neue Geschäftsmodelle entstehen. Das führt nicht nur dazu, dass Unternehmen mittlerweile überlegen, ihre Produkte zu verschenken, um an die Nutzungsdaten der Kundinnen und Kunden zu kommen und das digitale Geschäft ausbauen zu können. Das leitet auch die Geldflüsse um – weg von den etablierten Firmen und hin zu den neuen Dienstleistern. Der App-Store von Apple machte schon gleich nach dem Start etwa eine Million US-Dollar Umsatz pro Tag; im Jahr 2017 waren es rund 38 Milliarden Dollar. Das ist Geld, das die Kunden und Kundinnen mit ihrer Entscheidung anderen Unternehmen entziehen – zum Beispiel den Telekommunikationsfirmen, die »nur« die Infrastruktur in Form von Datenleitungen und Mobilfunkverbindungen zur Verfügung stellen.

Die Digitalisierung bringt zweifellos große Vorteile. So entwickeln Startups Brillen, die einer Ärztin Krankenakten anzeigen und neue Befunde per Sprachbefehl dokumentieren können, sodass sie weniger lästige Schreibarbeit erledigen muss und mehr Zeit für ihre Patienten hat. Forscherinnen und Forscher nutzen die inzwischen verfügbaren großen Rechenleistungen, um anhand von umfangreichen Datensätzen die Wirksamkeit von Medikamenten zu testen oder um Gewebezellen auf Krebsbefunde hin zu analysieren. Es gibt Sensoren, die in Industriemaschinen hineinhorchen und zum Teil Wochen im Voraus sagen können, wann sensible Bauteile ausgetauscht werden müssen – diese »Predictive Maintenance« genannte Wartung verhindert teure Produktionsausfälle. Projektleiterinnen und Projektleiter, die Termine und internationale Teams koordinieren müssen, können aus einer Vielzahl von digitalen Helfern wählen, die das reibungslos möglich machen. Selbst Schreiner und Schreinerinnen sowie andere Handwerker und Handwerkerinnen haben eigens auf sie zugeschnittene Apps für die Auftragsbeschaffung, Zeiterfassung und Abrechnung. Sie können beispielsweise RFID-Chips an ihre wertvollen Werkzeuge und Geräte heften, um den Überblick über deren Einsatz zu behalten und Diebstahl vorzubeugen. Künftig ist es nicht unwahrscheinlich, dass die Automatisierung uns auch andere lästige Tätigkeiten wie die Steuererklärung oder das Bezahlen am Schalter abnimmt. Es sind Arbeiten oder Alltagspflichten, denen die wenigsten nachtrauern würden.

Andererseits ist die Dynamik, mit der sich der Wandel vollzieht, bahnbrechend. Mit einer derart hohen Geschwindigkeit wurde die Arbeitswelt noch nie verändert. Selbst für mich als ausgesprochen technikaffinen Menschen, der schon als Kind mit dem Chemiebaukasten experimentierte, in der Schule technisches Zeichnen belegte, später eine Magisterarbeit über die europäische Forschungs- und Technologiepolitik schrieb und heute nie ohne Tablet und Smartphone das Haus verlässt, ist es schwer, einen Überblick über die neuen Techniken zu behalten und sie in meine Arbeitsprozesse zu integrieren. Ideen und Geschäftsmodelle verbreiten sich schlicht zu schnell um den gesamten Erdball. Sie erfassen in kürzester Zeit Massen. Brauchten Telefongesellschaften oder Fernsehstationen früher Jahre und Jahrzehnte, um eine Million Kundinnen und Kunden zu gewinnen, genügten Facebook dafür neun Monate – und die Fotoplattform Instagram schaffte das innerhalb weniger Tage.

Wir brauchen einen Neustart der Energiewende

Zum Wandel unserer Arbeitswelt wird auch die voranschreitende Erderwärmung beitragen. Sie zwingt uns dazu, unser Leben und Arbeiten zu dekarbonisieren. Damit ist gemeint, dass die fossilen Energieträger Öl, Kohle und Gas mittelfristig ersetzt werden müssen. Trotz aller internationalen Konferenzen, wissenschaftlichen Erkenntnisse, Fortschritte beim Umweltschutz und der Auflagen, die die Wirtschaft inzwischen einhalten muss, stoßen wir immer noch viel zu viel Kohlendioxid aus. Die Energiewende ist richtig, um einen anderen Weg einzuschlagen, gerade bei der Effizienzsteigerung bleibt sie allerdings unter ihren Möglichkeiten. Um nur ein Beispiel zu nennen: Die Politik hat die erneuerbaren Energien in den vergangenen Jahren stark gefördert, gleichzeitig aber Unternehmen, die viel Energie verbrauchen, durch eine Befreiung von der Umlage des Erneuerbare-Energien-Gesetzes (EEG) vor zu hohen finanziellen Belastungen geschützt; sie sollen im internationalen Wettbewerb keinen Nachteil erleiden. Das führt jedoch dazu, dass Unternehmen bewusst darauf verzichten, Energie zu sparen, weil sie sonst unter die Befreiungsgrenze fallen und im Ergebnis mehr zahlen würden. Bei einem Neustart der Energiewende, den ich für notwendig halte, muss die effizientere Nutzung von Energie im Vordergrund stehen.

Die Digitalisierung bietet hierfür zahlreiche Chancen und wird zu einem geringeren Gesamtverbrauch beitragen, davon bin ich überzeugt. Sie ermöglicht zum Beispiel mit Smart-Home-Lösungen eine effizientere Energie- und Wärmesteuerung in Häusern und Wohnungen. Noch allerdings sind wir in einer Phase, die Widersprüche produziert und uns doppelt herausfordert. Dazu eine Zahl: Lange Zeit war der Flughafen in Frankfurt am Main der größte Stromabnehmer des kommunalen Energieversorgers, der Mainova AG. Bis 2016. In dem Jahr wurde er an der Spitze der Statistik abgelöst. Sein Anteil von 18,85 Prozent wurde getoppt von den ansässigen Rechenzentren, die 19,42 Prozent des gesamten Bedarfs beanspruchten. Wenn man durch die Hallen des Internetknotenpunkts DE-CIX in Frankfurt läuft, einem der weltweit bedeutendsten, der sekündlich bis zu sechs Terabit Daten durch seine Leitungen schleust (vor vier Jahren waren es in der Spitze drei Terabit pro Sekunde), dann bekommt man anhand der unzähligen Serverschränke und kilometerlangen Kabelstränge eine ungefähre Ahnung, wohin die Energie geht: Sie fließt in den Betrieb und die Steuerung der Infrastruktur, aber auch in die notwendige Kühlung der Geräte, die eine unglaubliche Wärme produzieren. Momentan spricht alles dafür, dass die Entwicklung anhält und der Betreiber, die DE-CIX Management GmbH, ihre Kapazitäten kontinuierlich ausbauen muss. Nicht zu vergessen: Der Frankfurter Internetknoten gehört zu den größten der Welt, aber er ist natürlich bei weitem nicht der einzige. Der Strombedarf des Informations- und Telekommunikationssektors macht 10 Prozent der weltweiten Nachfrage aus – im Jahr 2030 könnten es, so Prognosen, 30 Prozent sein.

Sehr ähnlich sieht es in der Automobilbranche aus. Sie ist das Rückgrat unseres Wohlstands und Industriemodells, konsumiert zugleich jedoch einen erheblichen Anteil unserer Energie und trägt massiv zur Erderwärmung bei. Der Sektor hat bisher am wenigsten in Deutschland dazu beigetragen, dass die weltweit vereinbarten Klimaschutzziele des Pariser UN-Abkommens eingehalten werden. Zwar hat sich die Technik entwickelt und die Motoren sind sparsamer geworden – zugleich aber wurden die Autos im Zuge des SUV-Booms größer, schwerer und entsprechend stärker motorisiert. Die Folge: höhere Verbrauchs- und Abgaswerte. Eine Verkehrswende ist also unausweichlich, wird aber ebenfalls viel Energie und zahlreiche Ressourcen verbrauchen – etwa für die Herstellung der Elektrobatterien.

Auch mit Blick auf die Auswirkungen der Dekarbonisierung wird sich unsere Arbeitswelt wandeln. Zum Beispiel verändern sich Fertigungslinien: Sind in einem herkömmlichen Verbrennungsmotor etwa 1400 Teile im Antriebsstrang verarbeitet, schrumpft die Zahl bei einem Elektroantrieb auf rund 200. Und das werthaltigste Bauteil, die Batterie, wird überwiegend nicht in Europa hergestellt. Die IG Metall geht davon aus, dass langfristig zahlreiche Stellen in den Produktionsstraßen der Automobilunternehmen verloren gehen und es nicht gelingt, Arbeitsplätze in den Produktionsstraßen im gleichen Ausmaß aufzubauen.

Wie Unternehmen zu Netzwerken werden

Was sich ebenfalls ändert, sind die Strukturen, in denen heute gearbeitet wird. Weil die Digitalisierung jeden mit allem vernetzt und ein komplexes Geflecht von Beziehungen entsteht, geraten hierarchisch organisierte Unternehmen unter Druck. »Top down«-Befehle einer Chefin oder eines kleinen Zirkels von Managerinnen und Managern scheitern zunehmend, weil sie, sobald sie »unten« angekommen sind, schon veraltet sind. Vorstände und Geschäftsführungen spüren, dass sie nicht mehr flexibel, schnell und kompetent genug auf Einflüsse und Trends von außen reagieren können. Also rufen sie eine neue Kultur aus und lösen nach und nach Grenzen auf. Sie reißen physische Wände ein, gehen zurück zum Großraumbüro und fordern die Mitarbeiterinnen und Mitarbeiter auf, sich morgens immer einen neuen freien Platz zu suchen und diesen abends wieder zu räumen. Sofern sie nicht ohnehin schon von unterwegs oder zu Hause im Homeoffice arbeiten. Die Hoffnung lautet: Die informellen Strukturen sollen die Kommunikation unter den Kolleginnen und Kollegen vereinfachen, mehr Dynamik in die Abläufe bringen und die Entscheidungswege verkürzen. Wie in einem Start-up soll es in den Konzernen jetzt zugehen – Microsoft, Lufthansa, Datev, Brose und Philips sind einige, die in den letzten Jahren angefangen haben, ihre Gebäude und Prozesse umzugestalten.

Andere gehen weiter. Bei der Telekom hat die Kommunikationsabteilung ihr Führungsteam im Frühjahr 2017 erstmals um gewählte Mitarbeiterinnen und Mitarbeiter erweitert – für den Konzern war es ein Novum, dass die 140 Kolleginnen und Kollegen abstimmen durften und die Entscheidung nicht von oben gefällt wurde. Umantis, ein Hersteller von Software fürs Personalmanagement, lässt seine Führungskräfte und Vorstände jährlich von den Mitarbeiterinnen und Mitarbeitern wählen – sie entschieden auch über den Verkauf der Firma an die Freiburger Haufe-Gruppe. Das Start-up Komoot, das eine App für Outdoor-Fans herausgebracht hat, hat ein Büro in Potsdam, die rund 30 Mitarbeiterinnen und Mitarbeiter nutzen es aber gar nicht. Sie arbeiten nämlich dort, wo es ihnen besser gefällt: in Stuttgart, Rosenheim, Irland, Spanien und Rumänien. Ihr Austausch erfolgt lediglich auf digitalem Weg. Favi, ein französischer Produzent von unter anderem Getriebegabeln für die Automobilindustrie, hat seine strikte Hierarchie aufgelöst, die Führungsetagen abgeschafft und die

Verantwortung für sämtliche Belange an Teams übertragen, die sich selbst organisieren – mit großem ökonomischen Erfolg.

Konkret bedeutet das: Unternehmen werden selbst zu Netzwerken, in denen die Steuerung nicht mehr allein bei einem kleinen Zirkel von Führungskräften liegt, sondern auf mehr Schultern verteilt wird. Viele – wenn nicht gar alle – Mitarbeiterinnen und Mitarbeiter sind gefragt, ihr Knowhow und ihre Lebenserfahrungen einzubringen. Für Vorgesetzte liegt die Kunst darin, diesen Wandel zu erkennen, Macht und Kontrolle abzugeben und den Aufbau des Netzwerks zu organisieren und zu moderieren. Für Mitarbeiterinnen und Mitarbeiter geht es darum, die neue Rolle anzunehmen und den Mut zur Gestaltung aufzubringen. Das liegt nicht jedem. Deshalb muss es auch künftig Rückzugsräume geben, die vor Überforderung schützen. Wer sich aber entschließt, den Wandel aktiv mitzuprägen, der sollte die Chance dazu bekommen. Das gilt auch für Menschen, die temporär von außen dazukommen. Anders als bei den Beziehungen zu bisherigen Handelspartnern, Zulieferern, Freelancern oder Agenturen, mit denen Unternehmen immer schon zusammengearbeitet haben, lösen sich die Grenzen an dieser Schnittstelle ebenfalls auf. Es wird sehr viel selbstverständlicher, Teams je nach Aufgabe und Projekt zusammenzustellen und eben auch mit Menschen zu besetzen, die nicht zum Unternehmen gehören oder aus branchenfremden Disziplinen stammen. Bei jüngeren Mitarbeiterinnen und Mitarbeitern sind diese neuen Formen des Arbeitens ein echter Standortfaktor: Ein Gründer des bereits erwähnten Unternehmens Komoot bekam auf eine Stellenausschreibung hin laut eigener Aussage mehr als 1000 Bewerbungen – sehr viel für eine vergleichsweise junge Firma. Positiver Effekt: Er konnte aus einem großen Angebot von qualifizierten Bewerberinnen und Bewerbern wählen.

Kein Ende, sondern Wandel der Arbeit

Wenn ich Unternehmen besuche, kann man leicht heraushören, dass der Wandel der Arbeit das dominierende Thema in den Belegschaften ist. Die Mitarbeiterinnen und Mitarbeiter wollen wissen, wohin uns die Digitalisierung führt. Ob es gelingt, die Dekarbonisierung zu bezahlen, weil Energie aus sauberen Quellen hohe Investitionen erfordert und teurer für die privaten Haushalte und Unternehmen ist. Und nicht alle wissen, wie sie mit den neu ausgerufenen Kulturen und den flacheren Hierachien umgehen sollen. Viele sind verunsichert und fürchten um ihre Arbeitsplätze, weil sie sehen, dass sie mit den rasenden Entwicklungen nur schwer Schritt halten können. Sie sind ohne Unterstützung nicht in der Lage, sich das Know-how, das sie bräuchten, um die neu aufkommenden Technologien zu beherrschen, im gleichen Tempo anzueignen. Anders formuliert: Das Wissen, das man sich in einer Lehre, einer Ausbildung oder einem Studium aneignet, und die Erfahrungen, die man während seiner Berufsjahre sammelt, veralten so schnell wie nie zuvor. Hier benötigen wir mehr Freiräume und Hilfen für Arbeitnehmerinnen und Arbeitnehmer, die sich fort- und weiterbilden wollen. Eine Antwort darauf ist das Chancenkonto, auf das ich im Kapitel »Der neue Sozialstaat – abgesichert ins 21. Jahrhundert« noch zurückkommen werde. Aber es ist auch eine Anforderung an die Wirtschaft damit verknüpft. Unternehmen, die sich – nicht nur digital – transformieren, haben eine soziale Verantwortung für ihre Belegschaft. Betriebliche Fort- und Weiterbildung wird in Zukunft eine völlig andere und größere Rolle spielen. Die Methode Kaeser, mit vollen Kassen radikalen Arbeitsplatzabbau zu betreiben, statt sich darum zu kümmern, den Beschäftigten neue Möglichkeiten zu eröffnen, hat keine Zukunft.

Beim Wandel unserer Arbeitswelt geht es nicht allein um die Frage, wie wir mit den immer rascher sich ändernden Anforderungen am Arbeitsplatz noch werden mithalten können. Es geht auch darum, welche Arbeit es in Zukunft noch geben wird. Die Unsicherheit hinsichtlich dieser Frage begegnet mir oft. Ältere Mitarbeiterinnen und Mitarbeiter, die schon mehrere Umbrüche und Fortbildungen mitgemacht oder eine Firma gegründet haben, sehen ihr berufliches Lebenswerk und ihre Zukunft bedroht. Jüngere wissen nicht, in welche Richtung sie sich orientieren sollen, weil sie vom »Ende der Arbeit« gehört haben.

Stimmen, die vor dieser Entwicklung warnen, hat es schon immer gegeben. Der britische Ökonom John Maynard Keynes, der die Denkschule des »Keynesianismus« begründete, sprach in den 1930er-Jahren von einer bevorstehenden »technologischen Arbeitslosigkeit«. Der US-amerikanische Soziologe Jeremy Rifkin rief 1995 in einem Buch das »Ende der Arbeit« aus, und 2013 erklärten die Wissenschaftler Carl Frey und Michael Osborne in einer aufsehenerregenden Studie, dass 47 Prozent der Amerikaner Berufen nachgehen, die mit hoher Wahrscheinlichkeit in den kommenden 10 bis 20 Jahren automatisiert werden können. Das Bundesministerium für Arbeit und Soziales ließ die Studie zwei Jahre später übertragen – der Wert des theoretischen Digitalisierungspotenzials einzelner Tätigkeiten liegt in Deutschland demnach bei 42 Prozent.

Die vielen Zahlen, die Forscherinnen und Forscher sowie Berater und Beraterinnen weltweit derzeit zur Digitalisierung veröffentlichen, suggerieren, dass sich die Zukunft präzise berechnen lässt. Dem ist nach wie vor nicht so, allen Algorithmen zum Trotz. Die Wirtschaft und der Arbeitsmarkt folgen keinen naturwissenschaftlichen Gesetzmäßigkeiten, sondern werden maßgeblich von Menschen beeinflusst, die Ideen und Visionen mit großer Tatkraft umsetzen, aber auch Ängste haben und widersprüchlich handeln. Das darf man nicht vergessen.

Zugleich weisen alle Prognosen darauf hin, dass der Wandel immense Veränderungen mit sich bringt. Vor allem sich wiederholende, leicht zu standardisierende Tätigkeiten werden zunehmend auf Maschinen übertragen, etwa die von Kassierern und Kassiererinnen, Büroangestellten sowie Bankern und Bankerinnen, die über private oder geschäftliche Kredite zu entscheiden haben, oder die von Anwältinnen und Anwälten, die in Akten nach Daten und Fakten suchen. Maschinen und Algorithmen sind bei der Mustererkennung schneller und zuverlässiger, und im Supermarkt können Kassensysteme Einkäufe auch ohne menschliche Hilfe abrechnen. Wie das geht, zeigen der in Seattle von Amazon und die in mehreren chinesischen Städten von Alibaba und anderen Unternehmen eröffneten Supermärkte. Dutzende von installierten Kameras und Waagen in den Regalböden registrieren, was die Kundinnen und Kunden entnehmen. Bezahlt wird im Vorbeigehen, man muss sein Smartphone mit der dazugehörigen App beim Rausgehen nur über einen Sensor halten oder durch eine Schranke gehen – unmittelbar danach landet die Rechnung im E-Mail-Postfach. Allein in China sollen in den kommenden Jahren Tausende solcher Supermärkte eröffnen, so die Ankündigung. Auch die Zahl von Taxi- und Lkw-Fahrern und -Fahrerinnen sowie von Lokführern und Lokführerinnen von Güterzügen wird sich reduzieren, wenn autonom steuernde Systeme in Serie gehen. In einem Modellversuch bei Fraport am Frankfurter Flughafen werden die Mitarbeiterinnen und Mitarbeiter bereits mit selbstfahrenden Bussen über das Betriebsgelände gefahren.

Mehr Erfahrung mit Crowdworking sammeln

Eine besondere Rolle in der Diskussion um die digitale Arbeit spielen die »Crowdworking«-Anbieter. Sie vermitteln keine Produkte oder Dienstleistungen, sondern schreiben Arbeitsaufträge von Unternehmen aus. Das Spektrum ist sehr breit: Es reicht von Kleinaufgaben wie dem Fotografieren eines konkurrierenden Produkts im Supermarkt bis zum umfangreichen Projektmanagement. Für Auftraggeber bietet das Vorteile: Sie können jederzeit auf eine große Zahl freier Mitarbeiterinnen und Mitarbeiter zugreifen, Tätigkeiten wie das Übersetzen eines Buchs in Einzelteile zerlegen (nicht eine Übersetzerin macht alles, sondern zehn Übersetzerinnen und Übersetzer liefern je ein Zehntel) und somit schneller das Ergebnis erhalten, und sie profitieren vom großen Ideenreichtum der Masse. Gerade bei kreativen Aufgaben wie dem Erstellen eines neuen Packungsdesigns bitten sie dann um Vorschläge und wählen den besten aus. Es gibt Crowdworker und Crowdworkerinnen, die diese Form der Arbeit eher spielerisch sehen und nutzen, um sich auszuprobieren und zu präsentieren. Andere wiederum bessern ihr eigentliches Gehalt nebenher ein wenig auf und schätzen die Freiheit, die Arbeiten unabhängig von Zeit und Ort am eigenen Rechner erledigen zu können – und dafür ist es egal, ob sie am Küchentisch, im Büro oder im Park sitzen.

Im Crowdworking liegen aber auch Gefahren. Wer sich im Netz um einen Auftrag bewirbt und dafür mit einem Designentwurf in Vorleistung tritt, konkurriert mit anderen Crowdworkern und Crowdworkerinnen weltweit und wird womöglich – eher noch: wahrscheinlich – nicht entlohnt. Festangestellte Sachbearbeiter, die repetitiven Tätigkeiten nachgehen, kann es passieren, durch die Crowd ersetzt zu werden. Zudem sind die »digitalen Tagelöhner«, wie sie mitunter genannt werden, meistens nicht abgesichert: Arbeitszeit und Arbeitslohn folgen keinem Tarif, sie zahlen nicht in die Sozialversicherungen ein, haben keinerlei Mitbestimmungsrecht. Gewerkschaften fordern genau das, Arbeitgeber hingegen lehnen eine Regulierung mit dem Hinweis ab, dass sie auf die Flexibilisierung angewiesen sind.

In Deutschland sind schätzungsweise ein paar Millionen Menschen auf den Crowdworking-Plattformen angemeldet. Aber wie oft sie darüber Aufträge beziehen, wie viel Geld sie verdienen, ob sie damit ihren Lebensunterhalt bestreiten oder ausgebeutet werden – all das müssen wir stärker in den Fokus nehmen. Umso wichtiger ist es, dass eine fundierte Untersuchung stattfindet. Ich gehe davon aus, dass sich diese Form der Arbeit mit der zunehmenden Digitalisierung sehr viel stärker ausbreitet und wir zu Antworten kommen müssen, um vorbereitet zu sein. Etwa für das Szenario, dass die schlechte wirtschaftliche Lage mehr Menschen zum Crowdworking zwingt und es auf dem Markt zu einer Konsolidierung der Anbieter kommt. Wenn dann nur noch wenige Plattformen über die Vergabe der Aufträge und somit die Preise bestimmen, geraten Auftragnehmer noch stärker unter Druck. Das darf nicht passieren.

In der Debatte dominiert Schwarz-Weiß-Denken

Fragt man Neurowissenschaftlerinnen und -wissenschaftler, ob das Tempo der Entwicklung für uns zu hoch ist, sagen sie: nein. Unsere Gehirnkapazitäten sind immer noch größer als die von Computern. Der Mensch ist weiterhin in der Lage, sich neuen Situationen anzupassen. Wie das gelingen kann, darüber wird allerdings zu wenig gesprochen – auch in der Politik. Zu beobachten ist hingegen eine schizophrene Debatte: Im Privaten ist mir noch niemand begegnet, der auf die Vorzüge der Digitalisierung verzichten möchte. Ob es darum geht, an der Bushaltestelle Flugpreise per Smartphone zu vergleichen, die letzte Folge der *Heute-Show* drei Tage später in der Mediathek abzurufen oder sich per internetgesteuertem Navigationssystem zum nächsten Ziel dirigieren zu lassen – wir alle haben uns sehr an die Alltagshelfer gewöhnt. Sobald es allerdings um die Arbeit geht, dominieren Dystopien, also pessimistische Zukunftsbilder. Dann werden menschenleere Büros und Fabriken skizziert, übernommen von seelenlosen Robotern. Ein paar konstruktive Ansätze gibt es, etwa im Weißbuch *Arbeiten 4.0*, in dem die damalige Bundesarbeitsministerin Andrea Nahles skizzierte, wie sie die sich verändernde Wirtschaftswelt in die richtigen Bahnen lenken will. Aber darüber hinaus sind Antworten in der Politik Mangelware. Das lähmt.

Es hilft vor allem nicht den Menschen, die von Arbeitslosigkeit bedroht sein werden oder bereits keine Arbeit mehr haben. In meiner Heimatstadt Gießen habe ich durch Stadtentwicklungsprozesse, aber auch durch beschäftigungspolitische Initiativen viele Male erfahren, welche Kräfte es Menschen verleihen kann, wenn sie wieder einer Arbeit nachgehen dürfen. Andererseits kenne ich die emotionalen, zum Teil dramatischen Geschichten, die Langzeitarbeitslose erleben. Sie verlieren nicht nur ihr Einkommen, sondern auch Kontakte, Perspektiven, Struktur und ihren Halt. Sie wissen nicht mehr, wohin sie gehören. Sie fühlen sich zurückgesetzt und nicht mehr benötigt, und manche beenden ihr Leben.

Wie schützen wir die Verliererinnen und Verlierer der Digitalisierung?

Momentan gibt es 45 Millionen Erwerbstätige in Deutschland. Im Jahr 2030 werden es der Studie einer Beratungsgesellschaft und eines Wirtschaftsforschungsinstituts zufolge aufgrund des demografischen Wandels 41 Millionen sein. Mit eingerechnet ist hier bereits der Anteil der Frauen, die bislang nur in Teilzeit oder gar nicht arbeiten und die bis dahin einen größeren Anteil an der gesamten Arbeitsleistung übernehmen. Auch die Ausweitung der Lebensarbeitszeit bis zum 67. Lebensjahr ist einbezogen. Um unseren derzeitigen Wohlstand aufrechtzuerhalten oder zu vergrößern, bräuchten wir also vier Millionen neue Arbeitskräfte. Die Digitalisierung kann diese Lücke mit ihrem Potenzial, Tätigkeiten zu übernehmen und Prozesse effizienter zu machen, zu etwa der Hälfte füllen, so die Prognose. Also bleiben zwei Probleme: Woher nehmen wir die zusätzlich benötigten Arbeitskräfte? Und was geschieht mit den Menschen, deren Berufe und Tätigkeiten wegbrechen oder sich so stark wandeln, dass sich mit ihrer einmal erworbenen Qualifikation nichts mehr anfangen lässt –

die mit der Entwicklung also schlicht nicht Schritt halten können? Veränderungen wird es voraussichtlich in allen Berufsgruppen geben, Überforderte auch. Der Handel, die industrielle Produktion, Transport und Logistik und die Finanzbranche sind am stärksten betroffen – im öffentlichen Sektor, in Technologie, Medien, Telekommunikation sowie in der Bildungs-, Sozial-, Gesundheits- und Pharmabranche hingegen entstehen neue Jobs. Diese verlangen aber höhere Qualifikationen. Darauf sind wir noch nicht vorbereitet.

In der Diskussion über den künftigen Strukturwandel stehen momentan vor allem zwei Aspekte im Vordergrund. Erstens: Wie funktioniert der Umbau unserer Gesellschaft technologisch – welche Maschinen und Roboter halten also Einzug in unseren Alltag? Zweitens: Wie viele Menschen verlieren im Zuge dieser Entwicklung ihren Arbeitsplatz? Beide Fragen sind wichtig. Sie helfen, den Wandel zu verstehen und zu gestalten. Zugleich muss die Analyse weitergehen und andere drängende Fragen beantworten: Wie viele und welche Technologien wollen wir einsetzen? Und wie unterscheidet sich die Leistung eines Menschen von der einer Maschine? Das sind Fragen, die uns in Zukunft noch sehr viel stärker fordern werden als bisher, weil die Durchdringung von Leben und Technologie durch die Digitalisierung weiter fortschreitet. Auf sie gibt es keine finalen Antworten. Um zu Antworten zu gelangen, die zumindest vorläufige Gültigkeit beanspruchen können, benötigen wir einen Diskurs, der den Prozess des Wandels begleitet. Ferner müssen wir uns fragen, wie sich unsere Arbeits- und Lernkultur verändern muss, damit die Technologien nicht uns, sondern wir die Technologien steuern. Hierauf gehe ich im Kapitel »Ein modernes Bildungssystem – Blick über den Tellerrand und Mut zur Lücke« näher ein. Nicht zuletzt stellt sich die Frage, welche Arbeiten es in unserer Gesellschaft künftig zu bewältigen gilt – und wie wir Menschen dazu motivieren und befähigen, diese Tätigkeiten zu übernehmen. Damit hängt die Frage zusammen, wie es uns gelingt, gesellschaftlich relevante Aufgaben mehr anzuerkennen und besser zu vergüten. Das betrifft nicht allein den Ausbau des pflegerischen Sektors im Bereich der Erwerbsarbeit. Es geht hier auch und vor allem um ehrenamtliche Tätigkeiten, die von Menschen ausgeübt werden, die nicht mehr erwerbstätig oder aus der Erwerbstätigkeit herausgefallen sind. Um die Aufnahme gesellschaftlich wichtiger Arbeiten zu erleichtern, benötigen wir neue Anreize dafür. Ich komme in diesem Kapitel und im Kapitel »Der neue Sozialstaat – abgesichert ins 21. Jahrhundert« darauf zurück.

Die genannten Fragen sind keine angenehmen Fragen. Sie greifen unser Selbstverständnis an, das sich zu einem wesentlichen Teil durch unsere Arbeit definiert – auch meines, wie ich eingangs erklärt habe. Aber ausweichen können wir ihnen nicht.

Mittelständler und Familienunternehmen als Vorbilder

Um zu lernen, wie die Arbeit der Zukunft aussehen könnten ist es in den vergangenen Jahren üblich geworden zu verreisen: nach Israel und nach China, vor allem aber ins Silicon Valley. Managerinnen und Manager und ganze Delegationen verbringen zum Teil Wochen, wenn nicht sogar mehrere Monate an der Westküste der USA, um dem Geist nachzuspüren, der die amerikanischen Erfinderinnen und Erfinder, Programmierer und Programmiererinnen sowie Investoren und Investorinnen antreibt, die Welt besser zu machen, wie es dort vielfach heißt. So wichtig es ist, hinter die Kulissen der kalifornischen Ideologie zu blicken und die Herangehensweise der Unternehmen zu verstehen, so nötig ist es für deutsche Firmen, nicht zu glauben, dass sie die vorgefundenen Geschäftsmodelle bloß kopieren müssen, um Erfolg zu haben. Zum einen, weil ein deutsches – oder europäisches – Facebook, Uber oder Airbnb nicht gegen das Original bestehen könnte. Zum anderen aber auch, weil wir die polarisierte US-Wirtschaft mit ihren prekär lebenden Start-up-Gründerinnen und Gründern auf der einen Seite und den Top-Absolventen und -Absolventinnen der Elite-Unis andererseits kritisch sehen müssen und unsere Herkunft als Ingenieursnation nicht verleugnen dürfen. Diese hat uns wirtschaftlich und sozial stark gemacht und unterscheidet sich maßgeblich von dem experimentellen Denken im Silicon Valley, das den weltweiten Erfolg von Google, Amazon & Co. begünstigt hat. Nach deren Idee muss eine Erfindung nicht perfekt sein, um sie auf den Markt bringen zu können – sie kann jederzeit durch Updates nachjustiert werden.

Um dem etwas entgegenzusetzen, müssen wir einen eigenen Weg finden, einen, der sich unserer bisherigen Stärken bedient und diese ins 21. Jahrhundert transformiert. Dazu gehört, viel tiefer als bisher in die Geschichte von kleinen und mittelständischen Unternehmen einzutauchen. Mittelständler und Familienunternehmen bilden nicht nur das robuste Rückgrat der deutschen Wirtschaft, sondern blicken häufig auf eine Historie zurück, die Jahrzehnte, wenn nicht sogar ein Jahrhundert und länger währt. Sie haben eine wechselvolle Geschichte hinter sich und Krisen und Kriege überstanden, weil sie im Kern ein relevantes Produkt oder eine gefragte Dienstleistung anbieten und stets bereit waren, ihre Modelle den Herausforderungen der jeweiligen Zeit anzupassen. Für Konsumenten und Konsumentinnen sowie Geschäftskunden und -kundinnen sind sie so zu vertrauensvollen Marken und Partnern geworden und für ihre Angestellten zu verlässlichen Arbeitgebern. Kleine und mittelständische Unternehmen sind transformationserfahren. Die Fähigkeit, sich zu wandeln, liegt in ihrer DNA. Zugleich sind sie auf Langfristigkeit aus und nicht getrieben von dem Zwang, von Quartal zu Quartal steigende Umsätze präsentieren zu müssen. Sie haben nie die Gewinnmaximierung in den Mittelpunkt ihrer Arbeit gerückt. Stattdessen fühlen sie sich für die dort lebenden und arbeitenden Menschen verantwortlich und sind im Austausch mit ihrer Region. Sie wollen das Geschaffene an die nächste

Generation weitergeben und nicht an der Börse Gefahr laufen, es leichtfertig zu verspielen.

Zugegeben: Das ist das idealisierte Bild eines Familienunternehmens, das noch von den Inhabern und Inhaberinnen geführt wird und nicht von einem Hedgefonds übernommen wurde. Meine Besuche und Gespräche mit Geschäftsführern und Geschäftsführerinnen sowie Betriebsräten und Betriebsrätinnen zeigen mir, dass die Wirklichkeit nie ganz so rosig ist. Heutigen Managerinnen und Managern fehlt mitunter die Erfahrung, Risikobereitschaft und Sozialverantwortung, die ihre Vorgänger mitbrachten und auszeichnete. Auch sind sie nicht davor gefeit, sich zu starre bürokratische Strukturen aufzuerlegen. Das ändert aber nichts daran, dass alles, was wir auch heute im digitalen Zeitalter brauchen, um Arbeit zukunftsfähig zu machen, im Mittelstand und den Familienunternehmen angelegt ist: Sie sind nah an ihren Kunden und Kundinnen und kennen diese gut. Sie haben großes Know-how und ein tiefes Produktverständnis. Sie können neue Entwicklungen und Services schnell testen und das Feedback gleich in ihre weiteren Prozesse einfließen lassen. An diese Mentalität, die schon Erfinder wie Werner von Siemens auszeichnete, der vor rund 150 Jahren die moderne Elektrotechnik begründete, sollten wir uns erinnern – und bei einer Reihe von Start-up-Gründern etwa in Berlin sehen wir diese Qualitäten wieder. Sie orientieren sich bei ihren Managemententscheidungen an den Erfahrungen des Mittelstands und der Familienunternehmen.

Aufgabengesellschaft und Engagementarbeit

Eine weitere Inspirationsquelle für die Gestaltung der Arbeit der Zukunft sollte das ehrenamtliche Engagement sein. Mehr als 31 Millionen Menschen in Deutschland bringen sich laut dem »Freiwilligensurvey«

des Bundesfamilienministeriums regelmäßig in Kultur, Sport, Umwelt, Kindergärten, Kirchengemeinschaften, Gewerkschaften und Parteien ein.

Sie erhalten dafür kein Geld (oder eine sehr geringe Aufwandsentschädigung), aber sehr wohl eine Gegenleistung: nämlich die Gewissheit und tiefe Befriedigung darüber, einen Beitrag zu dem Zusammenhalt unserer Gesellschaft geleistet zu haben. Als Arbeit werden ihre Tätigkeiten in der Regel nicht verstanden. Wer von Arbeit spricht, meint damit vor allem Erwerbsarbeit. Der Begriff definiert sich durch die Frage, wofür man finanziell entlohnt wird – und die Erziehung der eigenen Kinder, Hausarbeit, die Pflege seiner Eltern oder Großeltern gehören nicht dazu. Dieses tradierte, verkürzte Verständnis ist falsch. Es hat schon in der Vergangenheit all jene bestraft, die viel Zeit und Mühen in den gesellschaftlichen Zusammenhalt investiert und dieses Engagement häufig gegen eine berufliche Karriere eingetauscht haben – in der digitalen Gesellschaft aber können wir uns diese Haltung noch weniger leisten als bisher. Wir müssen anfangen, die Digitalisierung der Arbeitswelt nicht bloß als Bedrohung zu sehen, weil sie Arbeitsplätze überflüssig macht oder Tätigkeiten so massiv verändert, dass Angestellte ihren Arbeitsplatz verlieren. Die Automatisierung bietet die Chance, uns stärker der Engagementarbeit zuzuwenden: in den Sozial- und Bildungsberufen, der Erziehung, der Kultur, den Gesellschaftswissenschaften und insbesondere in der Pflege. Es sind Arbeiten, die tief menschliche Fähigkeiten und Qualitäten wie Intuition, Kreativität und Empathie voraussetzen und deshalb auch künftig nicht von künstlichen Intelligenzen übernommen werden können. Diese Tätigkeiten müssen wir besser entlohnen und wertschätzen, nicht zuletzt, weil sie angesichts des demografischen Wandels eine noch größere Bedeutung bekommen als heute – so ist es beispielsweise zwingend notwendig, das Betreuen und Begleiten von Menschen und das Arbeiten gegen ihre Vereinsamung aufzuwerten. An Aufgaben wird es nicht mangeln. Aussagen darüber, dass wir uns in der digitalen Welt langweilen, weil uns

Maschinen von der Wiege bis zur Bahre alles abnehmen, halte ich für eine noch sehr lange Zeit für falsch.

Das Lernen aus dem Ehrenamt ist auch deshalb notwendig, weil ich die heutigen Anreizsysteme, mit denen Mitarbeiterinnen und Mitarbeiter motiviert werden sollen, für überholt halte. Allzu oft schlagen Unternehmen auf die jährlich zu erreichenden Ziele ihrer Führungskräfte sowie Mitarbeiterinnen und Mitarbeiter noch ein paar Prozent mehr drauf. Diese Ausprägung der Wachstumslogik ist weder aus sozialen noch ökologischen Gründen sinnvoll. Viele unserer Ressourcen sind endlich, und der rein monetär begründete Ansatz funktioniert langfristig nicht. Der Effekt einer Gehaltserhöhung, die eine Leistungssteigerung am Arbeitsplatz nach sich ziehen soll, verpufft nach nur wenigen Tagen, und die individuelle Lebensqualität wächst nicht linear mit dem steigenden Einkommen, wie die Glücksforschung zeigt.

Neu definiert werden müssen aber auch die Zielvereinbarungen und Bonussysteme zwischen Unternehmen sowie Mitarbeiterinnen und Mitarbeitern. Boni, insbesondere die hohen Boni im Bereich des Topmanagements, fördern kurzfristig ausgerichtetes Handeln, das nicht unbedingt zum Wohle des Unternehmens beiträgt. Hier brauchen wir neue Ideen, die sich zum Beispiel an der Langlebigkeit eines Unternehmens orientieren. Konkret: Wieso nicht Mitarbeiterinnen und Mitarbeiter erst nach fünf oder zehn Jahren belohnen, wenn tatsächlich nachgewiesen wurde, dass seine oder ihre – damalige – Tätigkeit zum Erhalt der Firma beigetragen hat? Womöglich ist die fiktive Kollegin inzwischen woanders oder nicht mehr beruflich tätig. Aber über ein übergreifendes Bonuskonto könnte ihre Leistung rückwirkend vergütet werden. Das ist ein Schutz für die Unternehmen. Eigentlich sollte es für jeden Menschen selbstverständlich sein, ihr oder sein Unternehmen nicht zu ruinieren. Wie Einzelfälle aber immer wieder zeigen, ist unternehmerische Nachhaltigkeit nicht überall verbreitet: Volkswagen, Deutsche Bank, Siemens, HSH Nordbank und Air Berlin sind nur ein paar Beispiele von Konzernen, die ihren Vorständen trotz Rauswurf, Missmanagement und Insolvenz in den vergangenen Jahren Millionenabfindungen gezahlt haben.

Langlebigkeit könnte in der digitalen Ära, in der der schnelle Wandel die Konstante wird, ein neu entdeckter Wert sein. Wer intrinsisch motiviert ist, bleibt länger zufrieden und ist im Sinne des Unternehmens – und der Gesellschaft – produktiver. Firmen, denen es gelingt, diesen Kern innerhalb ihres Geschäftsmodells herauszuarbeiten, könnten für ihre Mitarbeiterinnen und Mitarbeiter zu einem gefragten Ort der Stabilität und Sicherheit werden.

Das gilt für klassisch kommerzielle Unternehmen genauso wie für Firmen und Träger im Bereich der bereits skizzierten Engagementarbeit. Gerade auch sie müssen den Wert, den sie für unsere Gesellschaft haben, noch stärker herausstellen, damit sie attraktiver werden für Menschen, die künftig Arbeit suchen. Von alleine – gewissermaßen durch eine »unsichtbare Hand« – gelingt dieser Paradigmenwechsel aber nicht. Hier braucht es eine unterstützende Steuerung durch den Staat. Diese wurde in der Vergangenheit zugunsten einer Liberalisierung der Wirtschaft und Privatisierung von sozialen Fragen der Pflege und Familie zurückgedrängt. Absehbar ist allerdings, dass diese Sektoren so auf Dauer nicht überlebensfähig sind und zu einer weiteren Spaltung der Gesellschaft beitragen. Pflege, Gesundheit und Familie müssen kollektiv und solidarisch organisiert sein – und es ist Aufgabe des Staats, diese Strukturen wiederherzustellen und sie interessant für nachwachsende Generationen zu machen. Ziel muss es sein, die Schwarzarbeit im sogenannten »Care«-Sektor einzudämmen und stattdessen sozialversicherungspflichtige Jobs aufzubauen, die Tarifbindung für diese Tätigkeiten zu erhöhen und einen allgemein verbindlichen Tarifvertrag für das Sozialwesen abzuschließen.

Neue Anreize und bessere Vereinbarkeit

Wie aber kann es gelingen, bislang unbezahlte Arbeiten finanziell zu bewerten? Berlins Regierender Bürgermeister Michael Müller hat mit dem solidarischen Grundeinkommen die Debatte eröffnet. Ich mache mir den Begriff zu eigen. Solidarität ist in den politischen Debatten der letzten 20 Jahre oft in den Hintergrund gedrängt worden. Ich halte sie angesichts der Veränderungen für zentral und möchte sie wiederbeleben. Eine echte Möglichkeit hierfür könnte ein Klassiker des Sports und der Kultur sein: die Übungsleiterpauschale. Wer im Sportverein tätig ist, kennt das: Trainer, die eine Mannschaft betreuen, erhalten von ihrem Verein ein kleines Geld. Mehr als eine Aufwandsentschädigung für das wöchentliche Training, die Vor- und Nachbereitungen und die Fahrten zu Auswärtsspielen am Wochenende ist der Zuschuss nicht. Aber: Hier wurde begonnen, eine gesellschaftlich relevante Aufgabe, die kaum die Chance hat, auf Gewinnmaximierung getrimmt zu werden, mit Geld zu honorieren. Solidarisch tätige Empfänger von Arbeitslosengeld sind vom Empfang dieser Pauschale für ehrenamtliche Tätigkeit bislang ausgeschlossen, weil sie keine Steuern zahlen. Wir sollten diesen Menschen die Pauschale ebenfalls zahlen – als Zulage zum Arbeitslosengeld. In anderen Bereichen – Musik, Kultur, Erziehung, Kirche, Flüchtlingsarbeit – gibt es solche Anreize selten. Es ist Zeit, hier einen richtigen Schritt nach vorne zu machen und die gesellschaftliche Leistung auch von Menschen anzuerkennen, die arbeitslos sind. Ihr Engagement wird dadurch ja ausdrücklich nicht unnützer für die Gesellschaft. Eine solidarische Grundsicherung würde daher zukünftig nicht nur die eigentliche Grundsicherung vorsehen, sondern im Falle einer gemeinnützigen Aufgabe mit einem Zuschlag in Höhe der Übungsleiterpauschale entlohnt werden. Hierfür braucht es einen großen, umfassend angelegten Austausch zwischen der Wirtschaft, der Gesellschaft und dem Staat. Ich komme auf diesen Aspekt und auch die

Finanzierungsfrage im Kapitel »Der neue Sozialstaat – abgesichert ins 21. Jahrhundert« noch zurück.

Die Verknüpfung von Engagementarbeit und Erwerbsarbeit wird künftig auch deshalb interessanter und relevanter, weil die Digitalisierung neue Formen der Vereinbarkeit bietet. Zwar erleben wir gerade, dass der Spruch »Samstags gehört Vati mir«, den Gewerkschaften 1956 zu ihrer Kampagne am Tag der Arbeit plakatierten, so aktuell ist wie selten zuvor. Das Smartphone verleitet dazu, rund um die Uhr erreichbar und im Dienst zu sein, anstatt das Wochenende mit der Familie zu verbringen – was viele Menschen immer häufiger als belastende Entgrenzung zwischen Arbeit, Freizeit, Familie und gesellschaftlichem Engagement empfinden, egal ob Mann oder Frau.

Dabei sollte aber nicht vergessen werden, dass wir mit der vergleichsweise jungen Kulturtechnik des mobilen Arbeitens noch nicht sehr vertraut sind. Wir müssen schlicht weiterexperimentieren und diskutieren, was uns guttut. Gelingt uns das, und finden möglichst viele Menschen den Mut, sich selbstbewusst in diese Diskussion einzuschalten und individuelle Modelle mit ihrem Arbeitgeber auszuhandeln, dann wird das daraus entstehende flexible Arbeiten sowohl von den Unternehmen als auch von den Arbeitnehmerinnen und Arbeitnehmern als eine Bereicherung für unsere Gesellschaft verstanden.

Es gibt bereits vorbildliche Arbeitgeber, die zum Teil mehr als 150 verschiedene Zeitmodelle anbieten und beispielsweise jungen Müttern und Vätern den Wiedereinstieg nach der Geburt ihres Kindes und der Elternzeit mit einer individuellen Lösung erleichtern. Um das räumlich und zeitlich flexible Arbeiten allerdings fest in der digitalisierten Wirtschaft und Gesellschaft zu verankern, braucht es mehr. Eine Option sind Betriebsvereinbarungen. Sie sorgen dafür, dass beide Seiten gleichberechtigt beteiligt sind und weder die Vorteile einseitig genutzt noch die Belastungen einseitig verteilt werden. Dazu kommt es nach wie vor, wie Untersuchungen zeigen, und längst nicht immer durch den Zwang einer Dienstanweisung. Wer einen Teil seiner Arbeit ohnehin unterwegs oder zu Hause erledigt, neigt dazu, auch über die vertraglich ursprünglich vereinbarten 35 oder 40 Wochenstunden hinaus tätig zu werden oder abends und am Wochenende erreichbar zu sein. Die Zeiterfassung wird erst schwieriger und dann vernachlässigt und schließlich ganz unterlassen, zumal gerade junge Menschen das flexible Arbeiten als Teil ihrer Identität begreifen.

Volkswagen war eines der ersten Unternehmen, das seine Server und die Smartphone-Verbindung von – tariflich angestellten – Mitarbeiterinnen und Mitarbeitern außerhalb der geregelten Arbeitszeit kappte. Daimler zog nach und führte es ein, dass sämtliche E-Mails während eines Urlaubs gelöscht werden können. Andere beispielhafte Unternehmen gehen weiter und legen in Betriebsvereinbarungen fest, dass auch für mobiles Arbeiten tarifvertragliche Regeln gelten, Ruhezeiten und die maximale Wochenarbeitszeit einzuhalten sind und es nicht erlaubt ist, an Urlaubstagen zu arbeiten. Ist das nicht möglich, was über eine technische Zeiterfassung oder persönliche Aufzeichnungen dokumentiert wird, erhalten die Mitarbeiterinnen und Mitarbeiter Zuschläge.

Eine zweite Option kann ein Wahlarbeitszeitgesetz sein, wie es der Deutsche Juristinnenbund (djb) vorgeschlagen hat. Das Konzept sieht vor, allen Beschäftigten das Recht zu verschaffen, freier und individueller über Stundenzahl, Ort und Zeitpunkt der Arbeit zu verhandeln, als es Angestellten in ihren Verträgen bisher zugestanden wird. Verfügt der Arbeitgeber über kein betriebliches Wahlarbeitszeitkonzept, dürfte der jeweilige Wunsch der Mitarbeiterin nur aus dringenden betrieblichen Gründen abgelehnt werden. Ein solches Wahlarbeitszeitgesetz würde auch dazu beitragen, dass betriebliche Homeoffice-Debatten forciert werden und die Sozialpartner vermehrt aushandeln, für welche Tätigkeiten die Anwesenheit tatsächlich erforderlich ist. Es wäre zeitgemäß, das derzeitige Arbeitszeitgesetz in ein neues Wahlarbeitszeitgesetz zu überführen – vorausgesetzt, die Öffnung der Regelungen wird mit Tarifverträgen in Einklang gebracht und temporär in Pionierbranchen und -betrieben erprobt.

Der Druck der internationalen Konkurrenz

Dass wir unsere Arbeitswelt verändern und den neuen Spielregeln anpassen, ist gerade auch mit Blick auf das Ausland notwendig. Insbesondere China wird den internationalen Wettbewerb in den kommenden Jahren prägen – diese Einschätzung teilen im Übrigen auch Unternehmerinnen und Unternehmer sowie Forscher und Forscherinnen im Silicon Valley mittlerweile. Ich bin regelmäßig in Beijing, Shenzhen und anderen Metropolen, um mir ein eigenes Bild zu machen, und jedes Mal sind die Entwicklungen so beeindruckend wie nachdenklich stimmend. Nur ein Beispiel: Das Land hat das Ziel ausgegeben, dass Autohersteller ab 2020 keine Elektrobatterien aus dem Nachbarland Korea mehr verbauen, sondern einheimische Modelle einsetzen müssen, deren Entwicklung rasant vorangetrieben wird. Aufgrund der schieren Größe und der Nachfrage sind die chinesischen Produzenten dabei, den weltweiten Standard für Elektrobatterien zu setzen. Und weil sie in ihren Großstädten zugleich Massenversuche mit autonom fahrenden Fahrzeugen durchführen, ist der Hinweis deutscher Unternehmen, so viele Patente auf das autonome Fahren zu besitzen wie kein anderes Land, kaum noch ein Wettbewerbsvorteil, auf dem man sich ausruhen kann und darf.

Um mithalten zu können, brauchen wir in Deutschland neue Formen der Zusammenarbeit. Die Dieselaffäre hat allerdings deutlich gezeigt, dass es jenseits der objektiven Probleme auch eine heftige politische Debatte über Kooperationen zwischen Politik, Wissenschaft, Gewerkschaften und Automobilkonzernen gab. Die Schärfe und Denunziation, die die Diskussion in Teilen hervorbrachte – die Deutsche Umwelthilfe warf der Politik und der Industrie Mauschelei vor –, hatte das Potenzial, künftige Kooperationen zu gefährden. Das exakte Gegenteil ist allerdings notwendig. Wir benötigen dringend einen intensiveren Austausch zwischen Politik und Wirtschaft. Mit Blick auf den verschärften Wettbewerb zwischen demokratischen Rechtsstaaten und staatsautoritären Systemen brauchen wir mehr gegenseitiges Verständnis und Zusammenarbeiten. Während in China und anderen Ländern eine industriepolitische Strategie schnell und einfach formuliert und durch das staatliche System auch schnell durchgesetzt ist, ist das in westlich-demokratischen Staaten deutlich komplizierter. Auch mit Blick auf die Einhaltung ordnungspolitischer Regeln. Entscheidend ist, dass diese Kooperationen von mehr Transparenz geprägt sind als in der Vergangenheit. Aber sie müssen zwingend fortgesetzt, weiterentwickelt und intensiviert werden. Nur so können die unterschiedlichen Zuständigkeiten und Absichten in einer gemeinsamen Strategie vereint werden. Im Ergebnis braucht es eine konzertierte Aktion gerade in diesen Bereichen der Industriepolitik und letztlich auch eine digitale Industriepolitik. Ein Beispiel dafür ist der Ausbau mit Glasfasernetzen in Deutschland. Auf der einen Seite gibt eine Fördersystematik des Staates. Diese funktioniert aber nicht, wenn die Betreiber von Glasfaser-, Breitband- und Mobilfunknetzen diese Strukturen und Fördermöglichkeiten nicht aufnehmen. Gerade die unterschiedliche Wettbewerbssituation im Spannungsverhältnis zur Regulierungs- und Förderungsebene erfordert präzise Vereinbarungen, wie sie zum Beispiel im Koalitionsvertrag zwischen CDU, CSU und SPD von 2018 angelegt sind. Solche Vereinbarungen müssen vollständig transparent sein, damit das Image dieser Kooperationen nicht weiter beschädigt wird. Sollte das nicht gelingen, bin ich sehr skeptisch, dass man in einem globalen Wettbewerb mit staatsautoritären Systemen mittelfristig erfolgreich sein kann. Dies betrifft auch die Notwendigkeit zu einer stärkeren Kooperation in Europa. Nur gemeinsam sind die europäischen Länder in diesem Wettbewerb stark genug aufgestellt.

Wider die überholte Wachstumslogik

Wir müssen noch etwas anderes hinterfragen. Unsere volkswirtschaft-liche Leistung – und damit auch unseren Wohlstand, den wir durch Wett-bewerb erzielen – drücken wir durch eine einzige Zahl aus, das Brutto-sozialprodukt. Die Logik lautet: Gut fürs Allgemeinwohl ist, was zu einem wirtschaftlichen Mehrwert beiträgt. Das führt dazu, dass selbst ein Auto-unfall mit Rettungseinsatz positiv in die Bilanz einfließt, weil die behan-delnde Ärztin und die anschließend beauftragte Kfz-Werkstatt mit Arbeit versorgt werden – woraufhin die Werkstatt Ersatzteile kaufen, den Zu-lieferer bezahlen und ihre Angestellten entlohnen kann. Diese Betrachtung ist paradox, verkürzt und veraltet. Stattdessen müssen wir grundsätzlicher, ganzheitlicher denken und ein neues magisches Viereck der Wirtschafts-politik entwickeln, das den Begriff des Wachstums zeitgemäß definiert. Klassischerweise setzt es sich aus vier Zielen zusammen: ein hoher Be-schäftigungsstand, außenwirtschaftliches Gleichgewicht, stabiles Preis-niveau und ein stetiges, angemessenes Wachstum.

In der Debatte, die der Club of Rome Anfang der 1970er-Jahre mit sei-nem Bericht über die ökologischen »Grenzen des Wachstums« angesto-ßen hat, wurden bereits die wesentlichen Argumente gegen unseren heutigen Wachstumsbegriff genannt. Versuche, eine Nach-Wachstums-gesellschaft zu definieren, hat es in den vergangenen Jahren ebenfalls gegeben, sowohl im Ausland als auch bei uns. Zwischen 2011 und 2013 tagte die Enquetekommission »Wachstum, Wohlstand, Lebensqualität« des Bundestags. Die Mitglieder schlugen mehrheitlich einen Katalog mit zehn Leitindikatoren vor, von denen das Bruttoinlandsprodukt nur noch einer sein sollte. Sie erweiterten den Index um die gleichberechtigten Faktoren Staatsschuldenquote, Erwerbstätigenquote, Treibhausgasemis-sionen, Stickstoffüberschuss, Einkommensverteilung, Bildungsquote, De-mokratie, Lebenserwartung und Artenvielfalt. Der Bericht und die Alternativen anderer Forscher und Forscherinnen sind allerdings weitgehend wirkungslos verpufft. Das Dogma, den Zustand einer Nation mit einer einzigen Zahl – dem Bruttosozialprodukt – beschreiben zu wollen, ist zu mächtig und weiterhin dominant.

Welchen Stellenwert wirtschaftliches Wachstum für unser System hat, drückt sich auch in dem Stabilitäts- und Wachstumsgesetz von 1967 und in dem Wachstumsbeschleunigungsgesetz von 2009 aus. Die Regierung ist demnach aufgefordert, alles für ein stabiles, gleichmäßiges wirtschaftliches Wachstum zu tun. Die Zielformulierung steht im Widerspruch zur heutigen Realität. Die Statistik zeigt, dass das Wachstum in den westlichen Industrienationen seit Jahrzehnten und in ersten Schwellenländern seit wenigen Jahren zurückgeht. Sämtliche Plädoyers und Kampfansagen auf G7- oder G20-Gipfeln zum Trotz: Regierungen gelingt es weltweit nicht, den grundsätzlichen Trend aufzuhalten. Als Gründe für den Rückgang des Wachstums werden vor allem vier Punkte genannt: der demografische Wandel (ältere Menschen konsumieren weniger als junge), die wachsende ökonomische Ungleichheit (Reiche können nicht noch mehr Geld ausgeben, Arme haben keins), Bremseffekte durch ökologische Schäden (die Reparatur negativer Effekte des Klimawandels ist teuer) und die sinkenden Produktivitätsgewinne (Forscherinnen und Forscher haben lange keine bahnbrechenden Erfindungen wie die Dampfmaschine oder die Elektrizität hervorgebracht).

Wer auf diese veränderte Realität eingehen und reagieren will, trifft erfahrungsgemäß auf große ideologische Vorbehalte. Der Begriff des Wachstums ist emotional noch stärker aufgeladen als der der Arbeit und bei vielen Menschen als Teil des Fortschrittsverständnisses gelernt. Trotzdem bleibt es bei der Tatsache, dass er einer Revision unterzogen werden muss. Getreu den Überlegungen zum magischen Viereck sollten mehrere Faktoren einbezogen werden, die heute keine Rolle spielen. Neben den klassischen Indikatoren des Bruttosozialprodukts sind dies Ökologie (unter anderem Flächenverbrauch, CO_2-Anteile, Biodiversität), Kriterien des öffentlichen Handelns (Gemeinwohlinteresse, Daseinsvorsorge) und die soziale Nachhaltigkeit, zu der Armuts- und Beschäftigungsfaktoren sowie Gesundheit zählen.

Die Herausforderungen, vor denen unsere Arbeitswelt steht, sind groß. Manchem erscheinen sie zu groß, gerade auch, weil mögliche Lösungen nicht allein in unserer Hand liegen, sondern immer die Hilfe von zahlreichen internationalen Konzernen, Regierungen und Partnern verlangen, die andere Interessen, Vorstellungen, Werte, Haltungen und politische Systeme haben. Das fordert uns heraus, uns vollständig infrage zu stellen. Unlösbar sind die Probleme aber nicht. Ich glaube daran, dass wir kreativ und klug genug sind, das, was wir bisher erreicht haben in unserer Gesellschaft, weiterzuentwickeln, und dass es uns gelingt, die Digitalisierung zu unserem Vorteil zu nutzen.

2. Kapitel
Ein modernes Bildungssystem –
Blick über den Tellerrand und Mut zur Lücke

Besitzen Sie auch ein digitales Fitnessarmband, mit dem man seine zu-rückgelegten Schritte oder den Puls messen und die Daten mit Freunden oder Bekannten vergleichen kann? Die Geräte sind inzwischen ja sehr beliebt – und ich erlaube mir mal ein Gedankenspiel, wie man mit ihnen den Schulunterricht von morgen gestalten könnte. Ich stelle mir das in etwa so vor: Jeder Schüler und jede Schülerin einer Klasse wird im Sport-unterricht mit einem Armband ausgestattet und motiviert, sich sportlich zu betätigen. In regelmäßigen Abständen vergleichen alle ihre Daten mit den vorigen und erleben, wie sie – idealerweise – über mehrere Wochen hinweg fitter werden und längere Strecken zurücklegen können. Damit hört der Unterricht aber nicht auf, sondern geht erst richtig los.

In Biologie zum Beispiel. Hier erarbeiten die Schülerinnen und Schü-ler, welche Muskeln sie während ihres Trainings beanspruchen und was im Körper eines Marathonläufers passieren muss, damit dieser eine Strecke von mehr als 42 Kilometern schafft. Im Fach Medienkompetenz lernen sie, was mit ihren erzeugten und gesammelten Daten passiert, so-bald sie diese mit Freunden in sozialen Netzwerken teilen – und was man beachten sollte, wenn sie sich beim Training vielleicht doch nicht von der ganzen Welt beobachten lassen wollen. Und im Wirtschafts- oder Heimat- und Sachkundeunterricht gehen sie durch, wie die Unterneh-men hinter den sozialen Netzen arbeiten und Geld mit den Daten der Nutzerinnen und Nutzer verdienen.

Projektunterricht wie dieser sollte in unseren Schulen Standard wer-den. Er würde auf das Leben und Arbeiten im digitalen 21. Jahrhundert vorbereiten. Noch sind wir davon aber weit entfernt.

Digitale Bildung ist mehr als die Anschaffung eines Whiteboards

Unser heutiges Bildungssystem erhöht den Druck und die Anforderungen, denen unsere Kinder und jungen Erwachsenen ausgesetzt sind, immer mehr, wie die fatale Verkürzung der gymnasialen Ausbildung von neun auf acht Jahre exemplarisch zeigt. Fachvermittlung vor Persönlichkeitsentwicklung, das ist die Leitlinie solcher sogenannten Reformen. Diese sinnfreie Maßnahme hat uns zehn Jahre Zeit und sehr viel Geld gekostet und dazu geführt, dass in meinem Bundesland, in Hessen, ein Schuljahr in der Mittelstufe gestrichen wurde – bei gleichem Lehrstoff. In der Folge wurde nicht nur die Durchlässigkeit zwischen Realschule und Gymnasium massiv eingeschränkt, sondern die Möglichkeiten für Schülerinnen und Schüler, Fähigkeiten nach ihren Neigungen auszubilden und sich beruflich zu orientieren, sind ebenfalls weniger geworden. Eine überzeugende Antwort darauf, welche Frage G8 eigentlich beantworten soll, können die Befürworter bis heute nicht geben.

Dabei hängt Deutschland international nicht hinterher, weil die Kinder zu lange zur Schule gehen. Im Gegenteil: Die deutschen Fachkräfte gelten im Vergleich als besonders gut ausgebildet, was seinen Ursprung sicher auch in der Schulbildung hat. Das bedeutet keineswegs, dass eine individuelle Be- oder Entschleunigung von Bildungskarrieren nicht möglich sein soll.

Die Diskussion um G9 oder G8 ist auch in anderer Hinsicht typisch. Allzu häufig geht es in unseren Bildungsdebatten um technische, organisatorische Fragen. Die inhaltliche Konzeption von Ausbildungen hingegen ist kein Thema. Das erleben wir jetzt wieder. Die Gesellschaft digitalisiert sich – und wenn wir über die Konsequenzen daraus für unser Bildungssystem sprechen, dann fallen Schlagwörter wie »Smart Boards«, WLAN in der Pausenhalle und digitale Klassenbücher, in denen

Eltern von zu Hause aus nachlesen können, welchen Stoff ihr Sohn oder ihre Tochter gerade durchnimmt. Und es werden Geschichten aus Estland erzählt, wo diese Ausstattung schon zum Standard gehört. Keine Frage: Der baltische Staat ist bei der Digitalisierung in vielerlei Hinsicht ein Vorbild: bei der Schule, der Infrastruktur, der digitalen Verwaltung, dem E-Government. Aber bevor wir uns an einem Land orientieren, das mit seinen lediglich 1,3 Millionen Einwohnern und Einwohnerinnen (das entspricht in etwa der Einwohnerzahl der vier größten Städte Hessens) Entscheidungen viel schneller voranbringen und den Wandel einfacher vollziehen kann als ein flächen- und einwohnermäßig viel größeres Land wie Deutschland, sollten wir uns daran erinnern, dass die Digitalisierung viel mehr bedeutet als die Anschaffung von Multimediatafeln. Technische Modernisierung gehört dazu – und da haben wir großen Nachholbedarf. Sie darf aber kein Selbstzweck sein, sondern muss einer Vision folgen, die zuerst die Frage beantwortet, welche Kompetenzen junge Menschen am Ende ihrer schulischen Ausbildung erlangt haben sollten, um gerüstet zu sein. Erst danach sollten wir planen, wie das Bildungssystem verändert werden muss. Diese Reihenfolge ist entscheidend. Welches Wissen und welche Fähigkeiten sind also in Zukunft wichtig?

Was Schülerinnen und Schüler im 21. Jahrhundert können müssen

Wie im vorangegangenen Kapitel erwähnt, führt die Digitalisierung dazu, dass Produkte und Services immer stärker auf individuelle Bedürfnisse zugeschnitten werden. Um das leisten zu können, müssen Unternehmen zunehmend komplexere Probleme lösen. Alles und jeder ist mit allem und jedem verwoben, und das zieht ein verändertes Arbeiten nach sich. Azubis, Angestellte, Arbeiterinnen und Arbeiter, Manager und Managerinnen sowie Vorstandsvorsitzende dürfen noch viel weniger als bisher in Schubladen denken, müssen über Abteilungen und Hierarchien hinweg handeln und nach alternativen Wegen suchen. Zugleich nimmt technologiebedingt die Geschwindigkeit der Veränderung exponentiell zu. Die Veränderungsbereitschaft und -fähigkeit von Menschen, Gesellschaft und Wirtschaft wird zu einer Kernkompetenz. Das ist eine Herausforderung für unser Bildungssystem.

Unterricht, wie ich ihn eingangs beschrieben habe, in dem fächerübergreifend gelernt wird, der zum Selbstlernen und Experimentieren anregt und Fragen aufwirft, ohne immer gleich vorgefertigte Antworten parat zu haben, legt die Grundlage dafür, dass sich Menschen sicher und angstfrei in einer sich permanent wandelnden Gesellschaft bewegen können. Sie müssen offen für Veränderungen sein, diese begrüßen, moderieren und in ihren Alltag integrieren können. Sie müssen mit anderen Menschen verschiedenster Herkünfte und Hintergründe zusammenarbeiten können, um den Wandel zu bewältigen – Schwerpunkte wie interkulturelle Kompetenz und Mandarin als Fremdsprache wären hier denkbar. Sie sollten kreatives und spontanes Reagieren gelernt und verinnerlicht haben, denn nach dem Abschluss verlangen Unternehmen agiles Arbeiten, und ihnen begegnen Herausforderungen, die während der Schulzeit noch gar nicht bekannt gewesen sind – das gilt künftig noch mehr als bisher. Sie sollten über ihren Tellerrand hinausblicken und aus anderen Disziplinen lernen wollen, sich zugleich aber selbstbewusst in kleinere und größere Debatten einschalten können sowie Widersprüche verstehen, aushalten und akzeptieren. Sie sollten ausbildungsfähig sein und neben den Grundkompetenzen Lesen, Schreiben und Rechnen nicht nur ihre Muttersprache beherrschen, was inzwischen häufig unterschätzt wird, sondern sich in »Technologie« auch mit dem Coden auseinandersetzen, also mit dem Verstehen, Lesen und Schreiben von ersten Programmen und Apps. In so einem Fach ginge es nicht nur um Informatik, sondern zusätzlich um Grundkenntnisse neuer Techniken wie zum Beispiel Blockchain, Virtual Reality, künstliche Intelligenz oder auch neue Apps, die die Schülerinnen und Schüler reihum einmal pro Woche in einem Kurzreferat vorstellen könnten, damit sie und alle anderen ein Bild davon bekommen, wie sich die Technologie entwickelt. Und nicht zuletzt sollten sie für die gesellschaftlichen Folgen der Digitalisierung und die wichtigsten ethischen Fragen sensibilisiert sein. Neue Technologien ziehen häufig einen veränderten Umgang untereinander nach sich. Anstatt jeden Einzelnen damit sich selbst zu überlassen, muss Medienkompetenz auf den Stundenplan.

Was ich hier skizziere, ist kein Selbstgänger. Vielmehr bedeutet es einen fundamentalen Bruch mit den derzeitigen Zielen unseres Systems, das auf berufliches Spezialistentum vorbereiten will und eine grundlegende humanistische Bildung im Sinne eines Studium generale vermissen lässt. Das beginnt schon bei elementaren Fragen: Wie gehen wir in einer demokratischen Gesellschaft miteinander um? Wie arbeiten und leben wir zusammen? Wie verfahren wir bei Konflikten? Im Idealfall lernt und erlebt man das in der Familie, weil man dort mit Werten und Haltungen konfrontiert wird. Auch in der Schule, in der beruflichen und in der Erwachsenenbildung müssten diese Fragen ein viel größeres Gewicht haben. Tatsächlich aber spielen solche Aspekte dort auf eine eigenwillige Weise eine immer größere und zugleich eine immer geringere Rolle: Während Streits und Auseinandersetzungen, die nicht immer nur verbal ausgetragen werden, auf dem Schulhof zunehmen, werden sie im Klassenzimmer häufig nicht bearbeitet.

Es mag abgedroschen klingen, aber ich glaube, dass das früher in dieser Hinsicht besser war. Vielleicht, weil es weniger Konflikte gab. Aber ganz gewiss auch, weil die Schülerinnen und Schüler mehr Zeit hatten, sowohl in der Schule als auch außerhalb, und deshalb weniger Frust und Enttäuschungen entstanden. Gerade die G8-»Reform« hat zu einer Verdichtung geführt und greift massiv in die Alltagsaktivitäten der Kinder und Jugendlichen am Nachmittag und am Abend ein. Hier geht es nicht nur um Hausarbeiten oder Klausurvorbereitungen. Die politischen Vorgaben machen Schule übergriffig und schränken Lebensräume ein. Und wenn die nicht funktionieren, weil auch Väter und Mütter unter Druck stehen, nämlich einem gestiegenen Arbeitsdruck, weniger Zeit haben und manchmal auch weniger Erfahrung, bröckelt ein Fundament: die Familie, die kleinste, aber für Zusammenhalt und Zugehörigkeit wichtigste Einheit unserer Gesellschaft.

Politisch-kulturelle Bildung muss gestärkt werden

Um mit dem notwendigen Umbau unseres Bildungssystems zu beginnen, halte ich es für notwendig, fünf Punkte in den Vordergrund zu rücken. Der erste lautet: Die politisch-kulturelle Bildung muss einen größeren Stellenwert bekommen. Diesem Thema wurde schon immer zu wenig Aufmerksamkeit geschenkt, in den vergangenen Jahren ist es noch weiter zurückgedrängt worden zugunsten eines deutlich stärker an ökonomischen Fragen ausgerichteten Systems. Ein Beispiel: Mit der Einführung des Kombifachs »Politik und Wirtschaft« wurde das Thema Wirtschaft gestärkt zulasten des Fachs »Politik«. Das bedeutet konkret: Ökonomie findet jetzt im gleichen Unterrichtsfenster statt, die politisch-kulturelle Bildung ist zusammengestrichen. Für »Politik und Wirtschaft« stehen an Gymnasien zusammen mit den Fächern Geschichte und Erdkunde in den Jahrgangsstufen 5 und 6 gerade einmal sechs Wochenstunden zur Verfügung. In den Jahrgängen 7, 8, 9 und 10 sind es insgesamt 15 Stunden für alle vier Jahre zusammen, die flexibel auf die drei Fächer verteilt werden können. »Politik und Wirtschaft« muss – bei gleichmäßiger Verteilung – mit etwa fünf auf diese vier Schuljahre zu verteilenden Stunden auskommen. Für das Fach ist in der Regel nur noch eine einzige Stunde im gesamten Fächerkanon von 30 und mehr Wochenstunden vorgesehen. Damit und mit der stärkeren Vermittlung von Kompetenzen im ökonomischen Bereich zulasten anderer Inhalte ist das Fach zu einer Randerscheinung degradiert worden. Hinzu kommt, dass es von einem besonders hohen Anteil von Lehrkräften unterrichtet wird, die in der Vergangenheit nicht für das Fach ausgebildet worden sind. Neu eingeführt wurde zudem, dass »Politik und Wirtschaft« für das letzte Schuljahr der gymnasialen Oberstufe abgewählt werden kann. Damit kein Missverständnis entsteht: Schülerinnen und Schüler müssen Ökonomie verstehen lernen. Absolut sinnfrei ist jedoch, dass dafür die politisch-kulturelle Bildung gekürzt wurde. Das müssen wir ändern.

Zur Stärkung der politisch-kulturellen Bildung und der Bildung allgemein gehört auch eine Reform der Lehrerausbildung. Seit vielen Jahren gibt es in diesem Bereich einen Dauerkonflikt zwischen Fachwissenschaft und Pädagogik, der regelmäßig zugunsten der Fachwissenschaft entschieden wird. Aus meiner Sicht ist diese Entwicklung falsch, weil die Lehrerausbildung damit zu einseitig wird. Bei einer Reform der Lehrerausbildung, die ich für dringend geboten halte, müssten zwei Punkte beantwortet werden: Wie erhöht man systematisch den Praxisanteil in der Ausbildung – um den angehenden Lehrerinnen und Lehrern mehr Alltagserfahrung mitzugeben? Und welche Rolle spielt die Fachwissenschaft? Bei sehr vielen Fächern wie Chemie, Mathe, Kunst, Physik, Fremdsprachen und anderen überwiegt der Einfluss der Fachwissenschaften an den Hochschulen, wenn es darum geht zu klären, was und wie in dem Fach gelehrt wird. Das muss sich ändern, gerade in der Digitalisierung, bei der es nicht nur um technische Entwicklungen gehen darf, sondern die Überwindung des Kreidezeitalters auch pädagogisch begleitet werden sollte.

Mehr Ganztagsschulen für mehr Gerechtigkeit

Der zweite Punkt lautet: Wir brauchen mehr echte Ganztagsschulen. Wichtig ist hier, dass es sich um einen verbindlichen Lernort bis in den Nachmittag und ohne Hausaufgaben handelt. Die teilgebundene Ganztagsschule, die regelhaften Nachmittagsunterricht an drei Tagen pro Woche vorsieht, wäre ein Zwischenschritt – das Ziel muss aber ein Angebot sein, das Kinder und Jugendliche die gesamte Woche über unterrichtet und betreut. Warum ist die Ganztagsschule wichtig? Das hat mit der Herkunft von Menschen – der materiellen Situation der Familie sowie dem Bildungsstand der Eltern – und mit den Hausaufgaben zu tun. Ich glaube nicht, dass das Haupthindernis in der Schule materieller Art ist. Geld spielt hier nicht die alleinige Rolle. Problematischer ist, dass unsere Schulen auf der Bildungswiederholung über Hausaufgaben basieren. In Familien jedoch, die nicht in der Lage sind, ihre Kinder bei den Aufgaben zu unterstützen oder die Ergebnisse zu kontrollieren, ist eine Bildungsbarriere vorprogrammiert. Dieser Fall kann in jeder Familie auftreten, bei mir zum Beispiel: Meine Tochter hatte in ihrer Abiturprüfung dieselbe Kombination von Leistungskursen wie ich, Chemie und Politik. Und ich nehme für mich in Anspruch, noch heute etwas von Chemie (und auch ein wenig von Politik) zu verstehen und mich einigermaßen schnell in neue Aufgaben und fremde Komplexe einarbeiten zu können (von Fremdsprachen einmal abgesehen, dafür fehlt mir leider jegliches Talent). Trotzdem war ich nicht in der Lage, meiner Tochter bei der Vorbereitung im Fach Chemie auch nur in Ansätzen zu helfen. Zu sehr hat sich das Fach verändert, zu lange ist mein Abitur her. Und es gibt noch mehr Hürden: Was machen Familien, in denen beide Eltern in Vollzeit arbeiten müssen? Was machen diejenigen, die einen anderen Bildungsweg hatten – Arbeiter, deren Kinder die Ersten in der Familie sind, die vor dem Abitur stehen? Was machen die acht Millionen funktionalen Analphabeten in Deutschland, also 10 Prozent der Bevölkerung? Oder die Eltern, die aus der Türkei, Afghanistan oder Syrien kommen und kein oder nur gebrochen Deutsch sprechen?

Ganztagsschulen verkleinern diese Hürden drastisch, weil sie ohne Unterrichtswiederholung in Form von Hausaufgaben auskommen. Gewiss gibt es auch mal Phasen, in denen zu Hause zusätzlich gelernt werden muss. Und es geht nicht darum, Menschen in diese Schulform zu drängen. Die Erziehungspriorität liegt ganz klar bei den Eltern. Es muss eine echte Wahlfreiheit geben, in der Eltern und ihre Kinder sich dafür entscheiden können. Die Vorteile sind offensichtlich: Wenn das Kind oder die Jugendliche nach Hause kommt, ist die Schule in der Regel aus, weil alle Aufgaben in der Schule erledigt wurden und dort qualifizierte Ansprechpartner und -partnerinnen zur Verfügung stehen. Quälereien mit Schularbeiten am Abend oder Wochenende gibt es nicht mehr.

Kita, Meister, Master: Bildung muss für alle kostenlos sein

Der dritte Punkt, den ich anpacken würde: Bildung muss frei von Gebühren sein – von der Kindertagesstätte bis zur Meisterprüfung und dem Master. Sein Kind in eine Krippe oder die Kita zu geben wird überwiegend noch immer eher als Betreuung verstanden. Ich glaube, dass das falsch ist, und halte diese Einrichtungen für die ersten Bausteine in der Bildungskette. Vor allem die frühkindliche Bildung ist für Familien aber eine Belastung. Gar nicht mal so sehr für diejenigen, die sich einen Besuch nicht leisten können – diese Familien unterstützt der Staat über die wirtschaftliche Jugendhilfe bereits. Viel stärker trifft es die gestresste Mittelschicht, die über kleinere und mittlere Einkommen verfügt. Diese Eltern halten es mehrheitlich für richtig, ihre Kinder morgens in eine Kindertagesstätte zu bringen, allerdings müssen sie für diese Leistung zum Teil horrende Summen zahlen. Im hessischen Kelkheim sind es für die U3-Betreuung bis zu 800 Euro – pro Kind und Monat, wohlgemerkt. Das ist Geld, das den Familien an anderen Stellen fehlt: für eine größere Wohnung, ein ökologischeres Auto, für einen Urlaub oder schlicht für die Freizeit, die für den Zusammenhalt der Familie wichtig ist. Das ist nicht akzeptabel. Die verhältnismäßig meisten Mittel gehen in der Bildungsfinanzierung in die gymnasiale Oberstufe und dann in die Hochschulen. Dabei hat die Forschung herausgefunden, dass die wesentlichen Lern- und Entwicklungsschritte eines Menschen in den ersten zehn Lebensjahren passieren. Unsere Investitionen in die Gesellschaft folgen also einer falschen Logik. Zwar geht es nicht darum, der gymnasialen Oberstufe oder den Hochschulen etwas wegzunehmen und Geld zu entziehen. Aber es gilt: Was wir in den ersten zehn Jahren unterlassen, werden wir in den zweiten zehn Jahren nicht korrigieren können. Oder nur mit deutlich mehr Aufwand als bisher.

Nur mit einem gebührenfreien Bildungssystem gelingt es, Durchlässigkeit tatsächlich für alle sozialen Schichten zu schaffen. Dazu gehört auch, dass eine Meisterprüfung, die schnell bis zu 25 000 Euro kosten kann, nicht zu einer immensen Verschuldung oder gar Überschuldung führen darf. Diese Belastung ist nicht nur unsozial, sie ist auch unlogisch: Warum kosten Universitäten und Fachhochschulen kein Geld – aber für die Ausbildung in einem Handwerksberuf muss man zum Teil erhebliche Summen zahlen? Das entspricht nicht dem sozialdemokratischen Bild von Gleichheit. Die verschiedenen Ausbildungsformen entscheiden nicht über den Stand und das Ansehen von Menschen, deshalb gibt es für mich keine Hierarchie, und deshalb müssen auch der Meisterbrief und die Meisterprüfung frei von Gebühren sein.

Tablets sind im Unterricht nur dann sinnvoll, wenn die Lehrerinnen und Lehrer fortgebildet werden

Erforderlich sind darüber hinaus auch – und das ist mein vierter Punkt – Verbesserungen der Qualität in allen Einrichtungen. Das betrifft sowohl die personelle als auch die technische Ausstattung und die unsinnige Trennung beider Bereiche. Dazu muss man wissen: In den vergangenen Jahren gab es teilweise bereits erhebliche Anstrengungen, um die Ausstattung von Schulen zu verbessern, sowohl durch den Bund als auch durch das Land, die Kommunen und private Initiativen. Auch die Fördervereine der Schulen haben sich hier sehr engagiert. Das finde ich großartig.

Eine gute technische Ausstattung ist allerdings kein Selbstzweck, sondern ihr Einsatz ermöglicht es Lehrerinnen und Lehrern, den Unterrichtsinhalt verständlicher, leichter und schneller zu vermitteln. Hierfür müssen die Lehrkräfte jedoch ausgebildet sein. Zu häufig reduzierten sich die Investitionen aber auf die Anschaffung von Laptops, iPads, Tablet-PCs und Whiteboards, den interaktiven Multimediatafeln, die mit einem Rechner verbunden sind. Die notwendige Schulung der Lehrerinnen und Lehrer an diesen zum Teil sehr teuren und komplexen Whiteboards fand kaum statt, weshalb längst nicht alle ihr Gerät nutzen konnten, zum Teil bis heute nicht. Der Grund: Wir haben eine Trennung der Zuständigkeit für die technische Ausstattung von derjenigen für die konzeptionell-pädagogische Fortbildung. Erstere liegt bei der Kommune als Schulträger, letztere liegt beim Land – und in der Vergangenheit war die Zusammenarbeit, sagen wir es diplomatisch, verbesserungsfähig. Dieser Konstruktionsfehler muss schnellstens behoben werden. Hier muss die Lehrerfortbildung – für die das Land zuständig ist – auf eine neue Stufe gehoben werden. Wir brauchen ein Aktionsprogramm für digitale Lehrkompetenz. Wer nur die halbe Arbeit erledigt – das heißt sich nur um die Technik kümmert –, erreicht in diesem Fall nichts.

Gymnasien müssen endlich auf den Arbeitsalltag vorbereiten

Des Weiteren halte ich es für geboten, fünftens, die berufliche Bildung auf dem Gymnasium zu stärken. Das Abitur ist der höchste Schulabschluss in Deutschland, und wer es erlangt, kann an eine Universität gehen und studieren. Er oder sie hat dann die Allgemeine Hochschulreife, wie in dem Zusammenhang immer betont wird. Das ist aber nur die halbe Wahrheit. Tatsächlich setzen zahlreiche Branchen und Unternehmen das Abitur inzwischen auch für ihre Ausbildungen voraus. Sie gehen davon aus, dass die Lehrmethoden und Inhalte, die man auf dem Gymnasium erfahren hat, wesentlich sind, um die komplexer gewordenen Berufsvorbereitungen in der Praxis und Theorie bewältigen zu können. Das gilt für die dualen Ausbildungsgänge ebenso wie für den öffentlichen Dienst. Wer beispielsweise in Hessen Polizistin oder Polizist werden will, muss mindestens die Fachhochschulreife nachweisen. Zugleich aber spielt die berufliche Bildung auf den Gymnasien kaum eine Rolle. Am Beispiel Hessen: Abgesehen von zwei jeweils zweiwöchigen Berufspraktika, die in der Regel in der neunten und der zehnten oder elften Klasse stattfinden, werden die Kinder und jungen Erwachsenen im gymnasialen Bildungsgang so gut wie nicht auf den Berufsalltag vorbereitet. Es wundert mich deshalb nicht, dass viele Schülerinnen und Schüler nach dem Abitur häufig orientierungslos sind und dass manche erst einmal ein Studium aufnehmen, um ihre Orientierungzeit zu verlängern. Sie wollen sich Zeit nehmen und einen Überblick darüber bekommen, wohin ihre berufliche Reise gehen soll. Die Haupt- und Realschulen und die beruflichen Gymnasien sind bei dieser Frage sehr viel weiter und sollten für die allgemeinbildenden Gymnasien ein Vorbild sein, um die Schülerinnen und Schüler ebenfalls ausreichend auf den Berufsalltag vorzubereiten.

Akademiker sind nicht die Krönung der Bildungsschöpfung

Sozialer Aufstieg wurde oft mit akademischer Bildung gleichgesetzt. Der Subtext dieser Erzählung lautet: Wer keinen akademischen Abschluss hat, hat den Aufstieg nicht geschafft und ist damit gescheitert. Diese Hierarchie zwischen dualer und akademischer Bildung verbietet sich aber. Das Bild des Menschen und davon, wie unsere Gesellschaft funktionieren sollte, wird damit ins Gegenteil verkehrt. Tatsache ist, dass es keine Hierachie gibt zwischen der akademischen und der dualen Ausbildung.

Um die nötigen Veränderungen im Bildungssystem, die Ländersache sind, anzustoßen, haben wir 2018 in den Verhandlungen mit der CDU/CSU zur großen Koalition auf Bundesebene eine wichtige Voraussetzung geschaffen. Das sogenannte Kooperationsverbot, das es dem Bund bislang untersagte, Bildungsmaßnahmen der Bundesländer zu finanzieren, wird gelockert. Künftig ist es dem Bund über den Artikel 104c des Grundgesetzes möglich, in die Bildung zu investieren. Dieser Schritt ist überfällig, da vielen Ländern die finanziellen Mittel fehlen. Das Geld ersetzt allerdings nicht den nötigen Willen zur Reform, und daran haben es in den vergangenen Jahren vor allem die konservativen Bildungspolitiker und -politikerinnen vermissen lassen. Sie wollen, dass in dem Wettbewerb um die besten Ausbildungen und Jobs nicht alle Menschen die gleichen Chancen haben. Ihnen ist es zu verdanken, dass wir immer noch am Nullpunkt der gesellschaftlichen Bildungsdebatte stehen. Wir sind im Alltagsgeschäft verhaftet und fahren politisch auf Sicht – nicht nur bei der Bildung, aber vor allem auch dort. Wir blicken zu sehr auf die Gegenwart und diskutieren, ob der Bund Schultoiletten sanieren darf oder welche Kriterien für die wechselseitige Anerkennung des Abiturs in den verschiedenen Bundesländern gelten sollten – neben der bloßen Anzahl unterrichteter Stunden in der Oberstufe. Der Kern der Debatte liegt dagegen brach. Wir verlassen uns darauf, dass unsere Energie und unsere Innovationen ausreichen, um kurzfristig auf die Anforderungen der Zukunft zu reagieren, reden ein wenig über die Vor- und (meistens) Nachteile des Smartphones und überlegen, wie sich Datensicherheit garantieren lässt. In einer Zeit, in der uns die Digitalisierung mit einer bisher ungekannten Geschwindigkeit erfasst und vereinnahmt, sind das allerdings nicht die zentralen Fragen.

Wie aus einem Plattenbau eine Leuchtturm-Schule wurde

Die gute Nachricht: Um die Bildung zukunftsfähig zu machen, müssen wir das Rad nicht neu erfinden. Es gibt Vorbilder, an denen man sich orientieren kann. Sie zeigen, dass es möglich ist, neue Wege zu beschreiten – selbst auf dem verminten Feld der Bildung, auf dem mutige Vordenker riskieren, dass ihnen sofort zahlreiche Einwände um die Ohren fliegen. Eine dieser mutigen Pionierinnen ist Margret Rasfeld. Sie hat 2007 die Evangelische Schule Berlin Zentrum (ESBZ) gegründet, eine Gemeinschaftsschule im gebundenen Ganztag, bei der Schülerinnen und Schüler in Jahrgangsstufe 7 einsteigen und nach dem 13. Schuljahr das Abitur ablegen können. Gestartet ist Rasfeld, eine ehemalige Chemie- und Biolehrerin aus Essen, mit 16 Schülerinnen und Schülern in einem heruntergekommenen Plattenbau und einer Idee: Sie wollte die Selbstwirksamkeit der Kinder und Jugendlichen stärken, ihren Mut und ihre Empathie, Eigenständigkeit und Kreativität ins Zentrum stellen.

An ihrer alten Schule hatte Rasfeld diese Eigenschaften im Unterricht nie gesehen. Als die Schülerinnen und Schüler aber eines Tages zu ihr kamen und mit ihr an einem anderen, geschützten Ort über ihre Erfahrungen mit Mobbing und Erpressung auf dem Pausenhof sprechen wollten, lernte Rasfeld sie von einer anderen Seite kennen: einfühlsam, nachdenklich, sozial. Bestärkt durch diese Erfahrung und mit einer Gruppe motivierter Eltern fing sie an, die ESBZ aufzubauen. Heute sind mehr als 500 Schülerinnen und Schüler angemeldet, die sich weitgehend selbst unterrichten. Sie tragen die Verantwortung dafür, dass sie ihre Ziele erreichen, lernen alleine oder in kleinen Gruppen, und die Tutoren, die ihnen zugeteilt sind, unterstützen sie, motivieren, geben Feedback und helfen in individuellen Gesprächen, Stärken herauszuarbeiten und eventuelle Schwächen anzusprechen. Strukturiert wird der Unterricht durch thematische Module und Lernkarten, auf denen die Lehrer und Lehrerinnen theoretische Inhalte, Übungen und Fragen festgelegt haben. Die Geschwindigkeit bestimmt jeder selbst. Je nach Stärke und Vorliebe dosieren die Schülerinnen und Schüler ihre Einheiten in Mathe, Deutsch oder Physik. In den Stufen 7 bis 9 lernen die Kinder gemeinsam, künftig soll der altersübergreifende Verbund in der neuen Oberstufe bis zur Stufe 11 ausgeweitet werden. Immer mit dabei sind sowohl Kinder mit Autismus als auch Schülerinnen und Schüler mit Lernschwierigkeiten, aus bildungsschwachen Familien und Migranten – sie alle lernen zusammen, inklusiv, ganz selbstverständlich. Wer was wann und wie viel gelernt hat, das halten alle in ihren Lernbüchern fest und gleichen ihren Stoff somit auch regelmäßig mit den definierten Vorgaben ab.

Neben den klassischen Fächern spielen auch selbst entworfene eine wichtige Rolle. In »Verantwortung« gehen die Schülerinnen und Schüler jede Woche zwei Stunden lang einer außerschulischen Aktivität nach, mit der sie einen gesellschaftlichen Beitrag leisten wollen. Ein Highlight der Schulzeit an der ESBZ ist die »Herausforderung«: Zweieinhalb Wochen lang absolvieren die Schülerinnen und Schüler in kleinen Gruppen ein selbst geplantes Projekt – etwa eine Paddeltour, bei der sie mit maximal 150 Euro auskommen und sich Essen und Schlafgelegenheiten selbst suchen müssen. Andere fahren mit dem Fahrrad von Berlin nach Kopenhagen, arbeiten in einer Robbenstation oder helfen einem älteren Ehepaar in Griechenland, ihren Hof zu bestellen. Ohne Lehrerinnen und Lehrer sowie Eltern, selbstverständlich. In der elften Klasse gehen alle für drei Monate ins Ausland und engagieren sich dort, sofern es neben dem Schulbesuch möglich ist, ökologisch oder sozial, anschließend werden die Erfahrungen bei einer dreitägigen »Reflexionsfahrt« aufbereitet und danach in der Schule allen Interessierten präsentiert. Und zusätzlich zu den üblichen Praktika haben die Schülerinnen und Schüler der Sekundarstufe I seit dem Jahr 2017/2018 das neue Fach »Freiraum«. Drei Stunden pro Woche testen sie, ob ihre Neigungen und Fähigkeiten eher »handwerklich-technisch«, »sportlich-bewegungsreich«, »künstlerisch-gestalterisch« oder »naturwissenschaftlich-experimentierfreudig« sind. Außerdem werden mehrere Workshops zu den Themen »Lebens- und Arbeitskompetenzen« angeboten. Das soll ihnen den Einstieg in die berufliche Laufbahn erleichtern.

Das Konzept der inzwischen mehrfach ausgezeichneten Schule macht viele Eltern, Schüler, Direktoren und Direktorinnen, Lehrerinnen und Lehrer, Pädagogen und Pädagoginnen sowie Dozentinnen und Dozenten aus ganz Deutschland neugierig. Sie wollen wissen, wie es den Gründern gelang, einen renovierungsbedürftigen Plattenbau in eine der fortschrittlichsten Schulen umzubauen. Kommen sie zu Besuch, werden sie übrigens nicht von der Schulleiterin oder dem Schulleitungsteam empfangen, sondern von den Schülerinnen und Schülern. Sie sind diejenigen, die am besten Auskunft geben können, sagen die Verantwortlichen – und übertragen ihnen die Aufgabe, die Schule zu repräsentieren. Auch hier verfolgt die ESBZ ihren Ansatz konsequent.

Design Thinking als Vorbild für den Unterricht

Ein anderes lehrreiches Beispiel findet sich ein paar Kilometer von der Evangelischen Schule Berlin Zentrum entfernt, in Potsdam. Dort steht das von SAP-Gründer Hasso Plattner initiierte und nach ihm benannte Institut mitsamt der School of Design Thinking, an der Studierende höherer Semester eine Zusatzausbildung absolvieren können. Der Begriff »Design Thinking« stammt aus dem kalifornischen Stanford und bezeichnet eine Methode, die vor allem der Entwicklung von Produkten und Services dient. Im Design Thinking werden diese Produkte und Services stets vom Kunden, von der Kundin her gedacht, gestaltet und entwickelt. Grundsätzlich führt Design Thinking zu einem Paradigmenwechsel, weil hier mehr Zeit für das Verstehen des Problems aufgewendet wird und weniger für die Erarbeitung der Lösung. Heute machen wir es zumeist noch umgekehrt.

Design Thinking fördert und hebt die Fähigkeit von Menschen und Organisationen, Innovationen hervorzubringen. Für Unternehmen ist diese Frage mittlerweile von entscheidender Bedeutung. Zwar war es schon immer wichtig, seinen Kundinnen und Kunden sowie Partnern und Partnerinnen regelmäßig neue Produkte und Dienstleistungen zu präsentieren. Das Tempo der Digitalisierung aber zwingt Firmen, die Frequenz, mit der sie Erfindungen entwickeln, deutlich zu erhöhen – auch um sich gegen kleinere, wendige Start-ups zu behaupten, die von den Rändern der Branchen kommend sehr schnell weltweit Erfolg haben können, wie im vorigen Kapitel beschrieben. Design Thinking ist vor allem in der Wirtschaft ein probates Mittel geworden, um verkrustete Strukturen aufzubrechen und einen frischen Blick auf bestehende Probleme zu ermöglichen, weil es grundlegend hinterfragt, wie wir bisher zusammenarbeiten und ob diese Formen noch ins 21. Jahrhundert passen. Es hat sich um die Methode herum bereits eine eigene kleine Beraterindustrie gebildet.

Darüber hinaus kann das Modell auch in der Bildungsdebatte Impulse setzen, weil es eine extrem hohe Offenheit hat, verschiedenste Einflüsse zulässt und integriert und zugleich einem stringenten, projektorientierten Plan folgt. Konkreter formuliert: Wer eine Lösung für sein Problem sucht und ein Design-Thinking-Team engagiert, kauft kein Standardschema ein, nach dem die Beraterinnen und Berater vorgehen. Stattdessen analysieren sie die Herausforderung und stellen ihre Mannschaft nach den Erfordernissen zusammen. An der Universität von Stanford, der Wiege der Idee, führt das dazu, dass Studierende nicht mehr BWL oder Soziologie oder Informatik wählen, sondern alle drei Fächer zu einem Studium kombinieren und noch um Vorlesungen und Seminare in Ethik und Philosophie ergänzen. Die Überzeugung ist, dass sich nur dann die notwendige kollaborative Kreativität entfaltet, mit der man einen umfassenden Blick bekommt und lernt, wie gewinnbringend interdisziplinäres Arbeiten sein kann.

Der Leiter der School of Design Thinking, Ulrich Weinberg, hat ein Buch veröffentlicht und dieses neue Denken anhand verschiedener Praxisbeispiele aus den Arbeiten seiner Studierenden erklärt. Er nennt es »Network Thinking« und hat den Begriff mittels des Lexikons anschaulich gemacht: Während wir unser Wissen früher in dicken Büchern notierten und aufbewahrten, sorgfältig sortiert und im Regal nebeneinander aufgereiht, besitzt heute keiner mehr ein Lexikon (außer vielleicht aus Nostalgie). Stattdessen lagert unser Wissen jetzt im Internet. Der Unterschied: Die einzelnen Einträge stehen nicht mehr isoliert für sich, statisch und getrennt von den anderen, sondern sie sind auf vielfältige Art und Weise miteinander verknüpft, interagieren und verändern sich laufend in einem dynamischen Prozess. Wer dieses Wissen nun erfassen will – und das ist ja das Ziel von Bildung –, darf sich nicht mehr nur mit Schulbüchern vorbereiten, die bloß ihr jeweiliges Fach umfassen und suggerieren, dass man auf die Welt da draußen vorbereitet ist, sobald man die letzte Seite gelesen hat. Man muss in der Lage sein, die Wirkungsweisen zu verstehen, Beziehungen herzustellen und im positiven Sinne kursiv zu arbeiten – sich also je nach Fragestellung in verschiedenste Richtungen voranzutasten und sich auf Abzweigungen einzulassen. Wozu dann eben auch gehört, dass man besagtes Buch nicht bis zum Ende lesen muss, um bei dieser Metapher zu bleiben.

Föderalismus kann Innovationen in der Bildung hervorbringen

Wie aber kann es gelingen, dieses Leitmotiv des vernetzten Lernens auf unser Bildungssystem zu übertragen? In unserer föderalen Ordnung sind die Bundesländer für die Bildung zuständig. Häufig wird das als Hemmnis für Reformen beschrieben, weil sich die vielfältigen Meinungen aus den 16 Bundesländern schwertun, mit einer Stimme zu sprechen und an einem Strang zu ziehen. Ich sehe das differenzierter. Der Wettbewerb um das beste Bildungskonzept hat in der Vergangenheit durchaus wegweisende Ideen hervorgebracht. Mit dem Bürokratismus der vergangenen Jahre jedoch hat sich die Stärke in ihr Gegenteil verkehrt. Auch in meinem Bundesland. Hessen war mal innovativ. Heute jedoch gefällt man sich im Status quo, schon innerhalb Hessens war ein Konsens im Rahmen des Bildungsgipfels nicht möglich. Das muss nicht so bleiben. Hessen kann – und muss wieder – Vorreiter werden. An dieser Stelle könnte sich der Bildungsföderalismus erneut von seiner besten Seite zeigen, davon bin ich überzeugt.

Wer unser Bildungssystem ernsthaft reformieren will, darf unbequemen Fragen nicht ausweichen. Dazu gehört die, an welcher Stelle das momentane Curriculum entschlackt wird. Die Beispiele, die ich aufgezählt habe, machen deutlich, dass zukunftsfähiger Unterricht anders organisiert, aber auch inhaltlich neu zusammengestellt werden muss. Das Format, in dem der Stoff vermittelt wird, zieht veränderte Lehrinhalte nach sich – und umgekehrt. Bislang haben wir unsere Lehrpläne immer nur ergänzt. Stand eine Veränderung an, kam neuer Stoff obendrauf. An anderer Stelle wurde nichts reduziert. Diese Variante funktioniert nicht mehr. Weil wir künftig Freiräume für Methodenkompetenz, politisch-kulturelle Entwicklung und die Berufsorientierung brauchen, kann die Lösung nicht in einem weiteren Aufblähen des Curriculums liegen. Wir brauchen eine Umkehr und Entlastung. Wir müssen uns von der Vorstellung lösen, dass es zwingende Lehrinhalte gibt. Man muss nicht alles wissen. Methoden und Kompetenzen müssen eine zentralere Rolle spielen. Und nicht zuletzt muss es Kindern in der Schule immer noch erlaubt sein, Kinder zu sein. Es darf nicht darum gehen, sie zum Funktionieren zu erziehen. Doch wo packt man an? Zu dieser Frage wünsche ich mir eine tiefgreifende Grundsatzdebatte, gerade auch mit den vielfach dominierenden Vertretern der Fachwissenschaft. Sie werden erklären, warum wir worauf nicht verzichten können – müssen allerdings erkennen, dass ihre Erkenntnisse nicht die einzigen sind, die es zu berücksichtigen gilt.

Eine Ausbildung? Wir müssen uns alle paar Jahre neu ausbilden

Der Begriff des »lebenslangen Lernens« ist nicht neu. Er wurde bereits 1962 auf einer Bildungskonferenz der UNESCO in Hamburg verwendet, die Europäische Union erklärte 1996 gar zum »Europäischen Jahr des lebensbegleitenden Lernens«. Heute ist es noch mal selbstverständlicher, dass man von einer Ausbildung, die man mit 16, 18 oder 20 Jahren beginnt, nicht ein Berufsleben lang zehren kann. Trotzdem kommt der Eintritt in den Beruf in unserem heutigen Bildungssystem faktisch einer Sollbruchstelle gleich. Wer eine Lehre, Ausbildung oder ein Studium absolviert hat und sich selbstständig macht oder in einem Unternehmen beginnt, wird eher sporadisch und nicht mehr systematisch fort- und weitergebildet. Mehr noch: Bei vielen ersetzt die Maxime »Learning by Doing« die betriebliche Qualifizierung. Das gilt vor allem für kleine und mittelständische Unternehmen (KMU), die, anders als große Unternehmen und globale Konzerne, nicht über die finanziellen Mittel und Personalabteilungen verfügen, um ihre Mitarbeiterinnen und Mitarbeiter kontinuierlich weiterzubilden. Sie haben zum Teil erhebliche Defizite, wie ich bei Unternehmensbesuchen immer wieder feststelle. Kommt man auf das Thema zu sprechen, heißt es, dass Fortbildungen betriebsübergreifend über Berufs- und Fachverbände und die Handelskammern organisiert werden – dass deren Angebote aber noch nicht ausreichen, um genügend Mitarbeiterinnen und Mitarbeiter mit dem nötigen Know-how zu finden. Das Problem ist der Zeitdruck. Angesichts des bereits bestehenden Fachkräftemangels fehlt den kleinen und mittelständischen Unternehmen vor allem die Zeit, ihre Mitarbeiterinnen und Mitarbeiter für Fort- und Weiterbildungen freizustellen. Wenn sie allerdings weiter auf ihrem momentanen – womöglich schon veralteten – Wissensstand verharren, setzen sie ihre Wettbewerbsfähigkeit aufs Spiel. Die Qualifizierungsanforderungen gelten selbstverständlich auch für die Berufs- und Fachverbände sowie Handelskammern.

Es stellt sich noch ein weiteres Problem: Wie vereinbaren Arbeitnehmerinnen und Arbeitnehmer künftig ihre Aus-, Fort- und Weiterbildungen mit ihrem Familienleben? Kann man es sich mit 35, 40 oder 50 Jahren erlauben, sich für ein paar Wochen, mehrere Monate oder gar zwei Jahre aus dem Job zurückzuziehen, um sich auf den aktuellen Wissenstand zu bringen? Das wird häufiger zur Pflicht werden oder zumindest notwendig sein als heute – zugleich aber können Menschen, die zwei Kinder haben und ein Haus abbezahlen müssen, nicht mit einem Azubigehalt von 800 Euro brutto im Monat leben. Auch hier wird deutlich: Wir müssen zu einer anderen Organisation von Arbeit und Fortbildungen kommen – und auch zu anderen Entlohnungsstrukturen innerhalb von Unternehmen, die Anreize für die persönliche Weiterqualifizierung setzen und einen Ausgleich für die ökonomischen Interessen der Arbeitgeber bieten.

Interesse, sich digital fortzubilden, haben viele Arbeitnehmerinnen und Arbeitnehmer. Laut einer repräsentativen Studie des Digital-Verbands Bitkom aus dem Herbst 2017 sagten 80 Prozent von ihnen, dass digitale Technologien eine große Bedeutung für ihren Arbeitsalltag hätten. Zugleich aber gaben 72 Prozent an, dass während ihrer Arbeit keine Zeit für eine Weiterbildung bliebe, und 39 Prozent erklärten, dass ihr Arbeitgeber zwar in die Technik investieren würde, nicht aber in das dazugehörige Know-how.

Auch diese Zahlen zeigen: Bislang will sich keiner des Teufelskreises annehmen. Die Politik, Verbände und Wirtschaft schieben sich gegenseitig die Verantwortung zu. Deshalb muss es zu einem Konsens und zu einer neuen Zusammenarbeit kommen. Ich schätze runde Tische und Allianzen nicht sehr, aber für Fragen wie diese, die existenziell für den deutschen Mittelstand und die Familienunternehmen sind, braucht es Orte, an denen die Wirtschaft, Gewerkschaften, Wissenschaft, Politik und Staat konzertierte Aktionen ins Leben rufen. Und es braucht konkrete Vorschläge, wie wir mehr Dynamik in die berufliche Fort- und Weiterbildung bekommen. Meines Erachtens sollten die Ansprüche der Arbeitnehmer und Arbeitnehmerinnen auf berufliche Fort- und Weiterbildung gestärkt werden – einschließlich eines Initiativrechts für Betriebsräte.

Volkshochschulen als Orte des digitalen Lernens

In Deutschland leisten jeden Tag mehr als 900 Volkshochschulen Fort- und Weiterbildungen. Sie bieten Sprach- und Gesundheitskurse an, fördern die Grundbildung ebenso wie die Kultur und bringen Einzelne in ihrem Beruf weiter oder eröffnen neue Perspektiven. Kinder, Jugendliche und junge Erwachsene lernen hier ebenso wie zahlreiche Flüchtlinge, die alphabetisiert werden oder Sprach- und Integrationskurse bekommen. Darüber hinaus ist der Deutsche Volkshochschulverband international vernetzt und mit mehr als 200 zivilgesellschaftlichen, staatlichen und wirtschaftlichen Partnern in 30 Ländern im Kontakt. Es wäre naheliegend, diese Orte des Lernens als Anlaufstellen für Fragen der Digitalisierung auszubauen, zumal die Volkshochschulen begonnen haben, die Themen in ihre Angebote aufzunehmen. Neben sehr praktischen Computerkursen in Textverarbeitung, Tabellenkalkulation oder 3D-Drucken finden sich dort auch Vorträge oder Seminare, die über die Facebook-Nutzung in Zeiten des neuen EU-Datenschutzes oder über Sprachassistenzsysteme in den eigenen vier Wänden aufklären.

Der Vorteil: Die Volkshochschulen sind nicht nur in allen Bundesländern vertreten und vor Ort gut vernetzt. Sie sind ein bekannter und anerkannter Bildungsträger, der maßgeblich von den Ideen und der Mitarbeit seiner bundesweit mehr als 190 000 Honorarkräfte lebt. Deren niedrigschwellige Angebote orientieren sich per se an den Bedürfnissen der Bürgerinnen und Bürger und laden zum Erfahrungsaustausch ein. Warum also nicht dafür sorgen, dass sie in der digitalen Gesellschaft eine größere Rolle spielen und für Menschen immer wieder dann zum Ansprechpartner werden, wenn in ihrem Leben Veränderungen anstehen? Die Geschwindigkeit, mit der die Veränderungen auf uns zukommen und uns herausfordern, machen es unmöglich, neue Strukturen zu konzeptionieren und aufzubauen – sie kämen schlicht zu spät, um den

Wandel in die richtigen Bahnen zu lenken. Andererseits ist klar, dass wir eine zeitgemäße Fort- und Weiterbildung brauchen – allein mit der Ausbildung, die nur am Anfang des beruflichen Lebens steht, ist es nicht getan.

Karriere muss auch mit fünfzig noch möglich sein

Sollte es gelingen, an Orten wie diesen Menschen mit verschiedensten Hintergründen, Bildungsniveaus und beruflichen Erfahrungen zusammenzubringen, wie es mein Wunsch wäre, dann könnte das auch dazu beitragen, dass unser Karrierebegriff endlich aufgebrochen und neu definiert wird. Momentan ist es so: Wer die entscheidenden beruflichen Sprünge in seiner Branche oder in seinem Unternehmen machen will, hat dafür nach traditioneller Rechnung gerade mal 15 Jahre Zeit – zwischen seinem oder ihrem 25. und 40. Lebensjahr. Wer älter ist, fliegt vom Beförderungskarussell und ist raus.

Zugleich aber ist das die Zeit, in der junge Menschen nicht nur dazu angehalten werden, eine Familie zu gründen, sondern das aus bekannten biologischen Gründen auch müssen – sofern sie sich, etwa der Karriere zuliebe, nicht ganz dagegen entscheiden. Diese von der Familienforschung als »Rushhour des Lebens« bezeichnete Phase kann individuell noch dadurch belastet werden, dass Kinder ihre schon älteren oder kranken Eltern pflegen müssen. Angesichts dieser physisch wie psychisch zehrenden Doppel- oder gar Dreifachaufgabe, dem demografischen Wandel und den positiven wie negativen Folgen der Digitalisierung ist es fragwürdig, an dem alten Karrieremantra festzuhalten. Dass Menschen nur innerhalb von wenigen Lebensjahren beruflich vorankommen dürfen und danach den Rest ihres Arbeitslebens absitzen, ist absurd. Ein moderner Staat muss dafür sorgen, dass in neuen Sozialpartnerschaften Karriere und Familie keinen Widerspruch zueinander darstellen – was durch die Chance, die Arbeitszeit und den Arbeitsort flexibler bestimmen zu können, erheblich erleichtert sein sollte.

Es geht aber nicht nur um organisatorische Fragen, sondern auch um Unternehmens- und Führungskulturen. Die wesentlichen Parameter für eine Karriereplanung werden auch zukünftig in Vorstandsetagen entwickelt und festgelegt. Die verantwortlichen Managerinnen und Manager sowie Geschäftsführer und Geschäftsführerinnen müssen beginnen, die Erfahrungen älterer Mitarbeiterinnen und Mitarbeiter stärker wertzuschätzen, Karrieren mit 50 oder 60 Jahren zu ermöglichen und sie in Teams mit jungen und ganz jungen Kolleginnen und Kollegen einzusetzen. Erst dann wird Führung der künftigen Lebens- und Arbeitsrealität gerecht.

Ein ähnliches Umdenken brauchen wir auch bei der Fort- und Weiterbildung von Menschen, die arbeitslos geworden sind. Der Grundsatz »Fördern und fordern« ist ins Gegenteil verkehrt worden. Wir unterstützen Menschen in Notlagen nicht zuerst, sondern fordern zuerst von ihnen, bevor wir versuchen, sie staatlich zu fördern. Menschen, die viele Jahre lang ins Solidarsystem eingezahlt haben in der Annahme, dass sie im Zweifel abgesichert sind, wird jetzt erklärt, dass sie noch zusätzlich vorsorgen müssen – indem sie Eigentum erwerben oder eine Lebensversicherung kaufen. Verlieren sie dann ihren Arbeitsplatz, müssen sie zunächst einmal ihr erspartes Vermögen aufzehren – bevor sie Leistungen der Solidargemeinschaft in Anspruch nehmen dürfen. Wir folgen damit einer marktradikalen Logik, die sich ganz wesentlich von der skandinavischen unterscheidet und von einem Menschenbild ausgeht, wonach die Menschen nicht willig sind, zu arbeiten und ihren gesellschaftlichen Beitrag zu leisten. Stattdessen würden sie es sich lieber in der sozialen Hängematte bequem machen. Auf diese Menschen muss mehr Druck aufgebaut werden – das war ja auch die Kernaussage, die aus dem rechten, konservativen und liberalen Lager zu Beginn der Agenda 2010 zu hören war. Dieser marktradikalen Logik hat sich die SPD nicht mehr entschieden genug entgegengestellt. Deshalb sind Elemente davon in die Agenda 2010 eingegangen.

Mein Bild von unserer Gesellschaft ist diametral anders. Menschen lassen sich dann auf Veränderungen ein, wenn sie sich sicher und abgesichert fühlen. Angst ist ein schlechter Ratgeber, individuell wie gesellschaftlich. Deshalb müssen wir den eingeschlagenen Weg verlassen und wieder zu der Maßgabe »Fördern und fordern« kommen. Aber nicht, indem Arbeitslose das vierte Bewerbungstraining absolvieren oder ihren zweiten Gabelstaplerführerschein machen, sondern indem sie qualifizierte berufliche Fort- und Weiterbildungen erhalten. Die Kosten dafür, die nicht gering sein werden, könnte das Chancenkonto abdecken (siehe dazu das Kapitel »Der neue Sozialstaat – abgesichert ins 21. Jahrhundert«).

Fort- und Weiterbildung geht begrifflich davon aus, dass Menschen die erste Hürde auf dem Weg ins Berufsleben genommen und einen Abschluss erworben haben. Das ist noch die Regel, trifft aber nicht auf alle Menschen zu. Bundesweit gibt es 1,5 Millionen Schulabbrecher ohne Ausbildung, und allein in Hessen haben über 500 000 Menschen zwischen 16 und 60 Jahren keinen berufsqualifizierenden Abschluss. Fast ein Siebtel der Beschäftigten ist also erwerbstätig, wurde aber nur angelernt. Diese Menschen machen einen großen Teil des Arbeitsmarkts aus und sind überdurchschnittlich stark von Arbeitslosigkeit betroffen, erst recht in dem Wandel der Arbeit und Beschäftigung, der auf uns zukommt. Nicht zuletzt ihnen muss die Politik im digitalen Zeitalter Perspektiven aufzeigen, wie zum Beispiel die von mir genannten neuen Lösungen.

Wie wir das digitale Bildungssystem finanzieren

Neue Lösungen benötigen wir auch für die Finanzierung von Bildungsreformen. Die Digitalisierung wird einschließlich des Infrastrukturausbaus, der technischen Ausstattung und des strukturellen Wandels der Schulen sowie aller Fort- und Weiterbildungen immense Summen kosten. Dieses Geld zu investieren sei angesichts der Schuldenbremse, die Deutschlands Staatsverschuldung begrenzen und abbauen soll, nicht möglich, heißt es häufig. Ich halte diese Schlussfolgerung für falsch. Die Schuldenbremse ist kein Hindernis für Investitionen. Öffentliche Verschuldung stellt grundsätzlich keine Lösung dar, sondern würde nur dazu führen, der Auseinandersetzung um Verteilungsfragen aus dem Weg zu gehen.

Darum muss es aber gehen. Wir müssen bei der Finanzierung der künftig notwendigen Bildung über die Verteilung von Geld sprechen. Anders ausgedrückt: Würden Google, Amazon, Apple, Starbucks und andere internationale Konzerne auch nur annähernd ihren fairen Anteil an Steuern zahlen, hätten wir kein Problem. Ob es um Unternehmen oder Menschen mit großen Vermögen geht: Kreative Methoden zur Steuervermeidung mögen legal sein oder sich gerade eben noch im Bereich der Legalität bewegen. Sie sind aber zumindest unsolidarisch und mit Blick auf die Stabilität unserer Gesellschaft und unser aller Zukunftsaussichten so egoistisch wie kurzsichtig. In unser aller Interesse benötigen wir daher eine bessere internationale Abstimmung im Bereich der Steuern und mehr Steuerehrlichkeit seitens der Steuerzahler. Das betrifft selbstverständlich auch die Schwarzarbeit.

2013 wies der damalige EU-Steuerkommissar Algirdas Šemeta darauf hin, dass der EU jährlich 1000 Milliarden Euro durch Steuerhinterziehung und Steuerflucht verloren gingen. Auf das Bundesland Hessen heruntergerechnet bedeutet das einen Steuerverlust in Höhe von 800 Millionen Euro. Zum Vergleich: Der zusätzliche Finanzierungsaufwand für gebührenfreie Kindergärten in Hessen liegt in vergleichbarer Höhe. Das könnten wir aus den entgangenen Mitteln finanzieren. Wir könnten mit solchen Mitteln weitreichende Bildungsreformen anstoßen und uns fit fürs 21. Jahrhundert machen. Um das zu erreichen, müssen sämtliche nationalen und internationalen Möglichkeiten für das Eintreiben und die gerechtere Verteilung der Steuern ausgeschöpft werden. Das hinzubekommen ist eine politische Aufgabe mit höchster Priorität.

Einheitliche Steuergesetze und vernetzte Behörden in Europa

Mithilfe von Anwälten und Beratungen entwickeln Unternehmen Firmenstrukturen, die es ihnen ermöglichen, ihre Steuerzahlungen auf ein Minimum zu drücken. Das uneinheitliche System in Europa und die vier Freiheiten innerhalb des EU-Binnenmarkts (Warenverkehr, Kapitalverkehr, Dienstleistungen, Personenverkehr) kommen ihnen entgegen. Sie machen es möglich, dass Versandhändler ein Buch oder eine Jeans von einem Logistiklager in Deutschland aus an einen Endkunden in Deutschland liefern, die Rechnung aber aus Luxemburg kommt – weshalb die Dienstleistung dann nur mit einem Prozent besteuert wird. Zweifelhaft sind auch Lizenzgebührenmodelle, wie sie Konzerne mit vielen Filialen in mehreren Ländern verwenden. Nutzen Franchisenehmer in ihrer Zweigstelle das Logo des Mutterkonzerns an den Türen, auf Schildern oder der Kaffeetasse – was sie zwangsläufig tun, denn sonst wären sie keine Franchisenehmer –, dann schreibt es ihr Vertrag vor, Gebühren für diese Lizenzierung an die Mutter zu überweisen. Die wiederum, natürlich, in einem Niedrigsteuerland wie den Niederlanden sitzt. Der Ertrag des Franchisenehmers reduziert sich – die Höhe der Steuern, die in Deutschland fällig werden, ebenfalls.

Konstrukte wie diese sind legal, aber nicht legitim. Um sie zu verhindern, plädiere ich dafür, an mehreren Stellen anzupacken. Zum einen muss eine europaweit zuständige Steuerbehörde gegründet werden. Ihre Aufgabe wäre es, den reibungslosen Austausch von Informationen zwischen den nationalen Steuerbehörden zu koordinieren, für grenzübergreifende Fälle eine zentrale Datenbank zu schaffen und sich mit den Ermittlungs- und Vollstreckungsbehörden abzustimmen. Darüber hinaus sollten die Vereinten Nationen ein globales Komitee einführen, das die bestehenden Formate bei OECD und G20 ersetzt oder mindestens ergänzt. Wichtig ist hier, dass im Ministerrat qualifizierte Mehrheiten statt des Einstimmigkeitsprinzips in Steuerfragen eingeführt werden und dass sich die Transparenz bei Verhandlungen deutlich erhöht. Nur unter diesen Voraussetzungen kann auf der europäischen Ebene eine wirksame Strategie funktionieren. In der Finanzmarktkrise 2008 haben die G20 beschlossen, dass kein Finanzmarkt, kein Finanzprodukt und kein Finanzmarktakteur mehr ohne Aufsicht und Kontrolle sein darf. Das ist immer noch nicht vollständig umgesetzt worden. Aber die Erfahrungen dieser Branche sollten auf die Steuerpflichten international konsequent übertragen werden.

Es muss aber noch mehr passieren. Ich halte eine gemeinsame Bemessungsgrundlage für die Unternehmenssteuern für den richtigen Weg. Dabei ist es notwendig, dass steuerpflichtige Unternehmen ihre Einkünfte, Freibeträge und Abschreibungen europaweit einheitlich definieren. Dieser Mechanismus fehlt bislang. Ziel ist es, dass Steuern dort gezahlt werden, wo der Gewinn erzielt wird. Unabhängig davon sollten auch Sofortmaßnahmen bei der Besteuerung von digitalen Unternehmen vorbereitet werden. Eine Umsatzsteuer für digitale Transaktionen könnte eine Übergangslösung sein. Am Ende muss es eine echte Ertragsbesteuerung geben. Voraussetzung dafür ist, dass es eine Pflicht zur Offenlegung von Unternehmensdaten gibt. Anhand solcher Regelungen würde klargestellt werden, dass der Schutz von Unternehmensgeheimnissen nur bei einer angemessenen Begründung möglich ist. Als Prämisse muss nämlich gelten, dass die nationalen Steuerbehörden – und die europaweit koordinierende – ihre Daten ungehindert austauschen können. Als weitere Maßnahmen hielte ich es in der digitalen Ökonomie des 21. Jahrhunderts für ratsam, dass die faire Besteuerung in den Handelsabkommen aufgenommen wird und sämtliche bestehenden Verträge auch mit der Schweiz überprüft werden.

Ein weiteres wirksames Instrument könnte es sein, alle, die Offshore-Strukturen einrichten wollen, zu einer offiziellen Anzeige und Begründung ihres Vorhabens vorab gegenüber den zuständigen Behörden zu verpflichten. So kann es gelingen, den Wettbewerb zwischen den Steueroasen (die dem Wortsinn nach Steuerwüsten heißen müssten) Österreich, Luxemburg, Malta, den Niederlanden und den Britischen Inseln zu verhindern.

Früher war zwar vieles besser, aber für morgen ist nicht alles gut

Nach diesem Ausflug in die Welt der Finanzierungsfragen möchte ich noch einmal auf das zentrale Thema Bildung zurückkommen. Hier gibt es einen Punkt, der mir seit längerem auffällt. Bildungsdebatten werden häufig leidenschaftlich, ja geradezu hitzig geführt. Das Engagement ist nachvollziehbar. Es geht um die eigene Zukunft und die der eigenen Kinder, da will sich niemand mit Mittelmaß zufriedengeben. Das führt allerdings dazu, dass der Ton rauer wird. Lehrerinnen und Lehrer, Rektoren und Rektorinnen, Politikerinnen und Politiker, Unternehmer und Unternehmerinnen, Pädagoginnen und Pädagogen, Fachdidaktiker und Fachdidaktikerinnen, Professoren und Professorinnen, Eltern, Beamte und

Beamtinnen sowie alle anderen, die ihre Argumente und Meinungen austauschen, müssen damit rechnen, übermäßig kritisiert zu werden, gerade wenn sie in einer anderen Zeit sozialisiert wurden und vermeintlich veraltete Standpunkte vertreten. Ich halte das für falsch. So notwendig es ist, bisherige Methoden und Curricula angesichts der Digitalisierung zu hinterfragen, so sehr warne ich davor, Ideen und Konzepte, die vor 20, 30 oder mehr Jahren für richtig befunden wurden, ausschließlich mit dem heutigen Wissen zu bewerten. Wer das tut, gerade öffentlich, stellt zum Teil das Lebenswerk von Menschen infrage, die in der Vergangenheit einen großen Beitrag zu unserer Gesellschaft geleistet haben. Hier gilt es, einen respektvollen Umgang zu finden, konstruktiv Kritik zu üben und die Erfahrungen dieser Akteure für die bevorstehenden Aufgaben zu nutzen.

3. Kapitel
Der neue Sozialstaat – abgesichert ins
21. Jahrhundert

Es gibt eine Idee in Deutschland, die nicht neu ist, seit einigen Jahren aber Auftrieb erhält und leidenschaftlich diskutiert wird. Die Befürworter dieser Idee sagen, dass sie die Lösung aller Probleme sei. Sie würde uns von der Sklaverei der Lohnarbeit befreien und als Menschen emanzipieren. Sie könnte uns die Chance geben, selbstbewusst und auf Augenhöhe mit unserem Chef oder unserer Chefin zu verhandeln und einfach zu kündigen, wenn uns danach sein sollte. Wir müssten dann nicht mehr morgens im Büro antreten, sondern würden der Arbeit nachgehen, die uns tatsächlich liegt, ohne finanziellen Druck ein Start-up gründen, ein Hobby zum Beruf machen, uns mehr um die Kinder kümmern oder einfach nichts tun. Das Einzige, was wir dafür beschließen müssten, wäre, ab sofort jeder Bürgerin und jedem Bürger ein bedingungsloses Grundeinkommen zu überweisen. In Höhe von 800 oder 1000 Euro, Monat für Monat. Einfach so. Für nichts.

Ich halte diese Idee für Augenwischerei.

Das Konzept von Arbeit ist alt und tief in uns verwurzelt. Arbeit stiftet seit vielen Jahrhunderten Identität. Die Zünfte im Mittelalter definierten sich nach den Arbeitsbereichen, viele unserer Nachnamen erinnern noch heute daran, welchem Beruf unsere Vorfahren einmal nachgingen. Arbeit spielte in den verschiedenen Religionen eine große Rolle und hatte auch bei Agnostikern einen hohen Stellenwert, eben weil sie statt der Religion Halt gab und Werte vermittelte. An dieser Funktion für die Gesellschaft hat sich nichts geändert.

Befürworter des Grundeinkommens sagen dagegen, dass die menschliche Arbeit durch die Digitalisierung weitestgehend ersetzt werde und deshalb massiv an Bedeutung verliere. Sie suchen einen Weg, die Menschen abzusichern, die keine Arbeit mehr haben werden. Und auch denjenigen, die weiterhin arbeiten werden, soll das Bedingungslose Grundeinkommen helfen, dem Stress und den Krankheiten vorzubeugen, die durch die Arbeitsverdichtung entstehen. Mehr persönliche Ruhe und Entschleunigung durch eine monatliche garantierte Zahlung, das erhoffen sich die Verfechter des Grundeinkommens. Sie wünschen sich, dass uns in einer Zeit des Wandels eine große, neue Idee Orientierung verschafft.

Es gibt weltweit viel beachtete Versuche zum Bedingungslosen Grundeinkommen wie etwa in Finnland, wo seit Anfang 2017 zwei Jahre lang 2000 Bürgerinnen und Bürger von der Sozialversicherungsagentur pro Person 560 Euro im Monat erhalten. Ein anderer Test läuft in Kenia. Dort will die NGO »Give Directly« herausfinden, ob es statt klassischer Entwicklungshilfe effizienter ist, Menschen Geld zu schenken, ohne daran Vorgaben oder Erwartungen zu knüpfen. In Deutschland ist die Initiative »Mein Grundeinkommen« bekannt geworden, bei der Menschen in einen Crowdfunding-Topf spenden und Monat für Monat ein Gewinner oder eine Gewinnerin – es können auch Kinder sein – ausgelost wird. Der oder die Glückliche erhält dann zwölf Monate lang jeweils 1000 Euro. Diese Bereitschaft von Menschen, Geld zu geben, damit es einem anonymen Empfänger ein Jahr lang finanziell besser geht, ist bemerkenswert; manche profitieren von der Entlastung sogar gesundheitlich.

Das Bedingungslose Grundeinkommen ist keine Alternative

Übertragen auf unser Land mit mehr als 80 Millionen Einwohnerinnen und Einwohner überzeugt mich das Modell als Sozialstaatskonzeption trotzdem nicht. Die Befürworter übersehen ein paar essenzielle Probleme. Erstens: Das Bedingungslose Grundeinkommen käme einer Revolution gleich. Sie würde unsere Arbeitsgesellschaft auf den Kopf stellen und zwangsläufig zu Zweifeln und Ungewissheit führen. Wir leben aber bereits in einer Zeit, die von großen Veränderungen geprägt ist und viele Menschen verunsichert. Was wir brauchen, ist Stabilität. Arbeit muss gerade deshalb eine Konstante bleiben. Zweitens: Unser heutiges Modell, wonach sozialstaatliche Leistungen an die Arbeit gekoppelt sind, schafft Identität und Zusammenhalt. Das Verständnis lautet: Alle tragen zum Gelingen des Ganzen bei, und wenn jemand temporär arbeitslos wird, dann fängt ihn die Gruppe auf. Das Bedingungslose Grundeinkommen trennt die sozialstaatliche Leistung von der Arbeit. Jeder erhält Geld aus dem gemeinsamen Topf, aber nicht jeder zahlt in diesen Topf ein, weil es immer Leute geben wird, die nicht arbeiten können oder wollen. Damit gingen allerdings die identitätsstiftenden Elemente verloren. Natürlich können Einzelne auch außerhalb der klassischen Erwerbsarbeit ihren Sinn und ihre Identität finden. Wie und wodurch das geschieht, ist eine sehr persönliche Frage, die den Staat kaum etwas angeht. Die Frage ist nur: Warum sollte die Solidargemeinschaft in diesem Fall für dessen oder deren Existenzsicherung zahlen? Das geht meiner Meinung nach nur, wenn Arbeit weiter konstitutiv für den Sozialstaat ist. Drittens: Die Vorstellung, dass mit dem Grundeinkommen eine inklusive Arbeitsgesellschaft geschaffen werden könnte, die allen Menschen die Chance gibt, sich im gleichen Maße zu verwirklichen und damit am gesellschaftlichen Leben teilzuhaben, würde sich recht schnell in ihr Gegenteil verkehren. Es käme zu einer zunehmenden Spaltung der Arbeitsgesellschaft – in einen exklusiven Beschäftigungssektor mit hohen Einkommen und einen zweiten Bereich, in dem eine Mehrzahl von Menschen mehr oder weniger abgesichert lebt. Viertens: Alle Rechnungen zeigen, dass die benötigte Summe für die Einführung eines Grundeinkommens gigantisch hoch wäre – und kein Vorschlag konnte bislang eine seriöse Finanzierung der Modelle nachweisen. Zudem müsste man, um das Finanzierungsvolumen aufzubringen, Mittel umverteilen – von Menschen, die sie nicht benötigen. Zwar bekäme jeder monatlich die gleiche Summe überwiesen – trotzdem wäre das Grundeinkommen dann nicht mehr bedingungslos.

Es gibt seit einiger Zeit mehrere namhafte Manager, die die Einführung des Bedingungslosen Grundeinkommens fordern. Unter ihnen sind DM-Gründer Götz Werner, Telekom-Chef Timotheus Höttges, SAP-Vorstand Bernd Leuckert, Tesla-Chef Elon Musk, Facebook-Aufsichtsrat Marc Andreessen und Joe Kaeser. Der Vorstandschef von Siemens sagte, dass ein Grundeinkommen »völlig unvermeidlich« sei. Einige Menschen würden angesichts der Digitalisierung »auf der Strecke bleiben, weil sie mit der Geschwindigkeit auf der Welt einfach nicht mitkommen« – und die Gesellschaft müsse dafür sorgen, dass diese Menschen versorgt sind. Joe Kaeser will mit der Einführung eines Bedingungslosen Grundeinkommens die negativen Folgen seines betriebswirtschaftlichen Konzepts sozialisieren. Ich halte das für unsolidarisch, unpolitisch und eine Gefährdung des sozialen Friedens. Es ist geradezu billig und absurd, sich so aus der Verantwortung zu stehlen und zu versuchen, seine Zukunftspläne mit diesem Argument auch noch gut zu verkaufen. Es wäre glaubhafter, wenn man anhand seines tagtäglichen Handelns ein anderes Verständnis von gesellschaftlichem Zusammenhalt und Wohlstandsverteilung erkennen könnte. Bei Joe Kaeser ist mir das bisher allerdings nicht aufgefallen.

Ein 130 Jahre altes System kann nicht die Zukunft gestalten

Worin jedoch alle Befürworter des Bedingungslosen Grundeinkommens recht haben: Unser Sozialstaat ist ohne Veränderung nicht zukunftsfähig. Im Kern funktionieren unsere Absicherungssysteme noch immer wie vor rund 130 Jahren zu Zeiten ihrer Erfindung durch Otto von Bismarck. Seine Sozialreformen verdienten ihren Namen damals nicht, weil sie vor allem einer Strategie zur Bekämpfung der – aus seiner Sicht – gemeingefährlichen Umtriebe der Sozialdemokratie folgten. Unterm Strich führte die Einführung aber dazu, dass der Staat der Verelendung weiter Teile der Arbeiterschaft gegen Ende des vorletzten Jahrhunderts insbesondere mit einer Renten- und Krankenversicherung zunehmend entgegenwirkte, wenn sie nicht mehr arbeiten konnten. Das gab es bis dahin nicht. Arbeiter, Bauern und Handwerker waren vorher vor allem in der Landwirtschaft tätig und wurden im Zweifel durch ihre Gemeinschaft und Familien sozial aufgefangen. Die industrielle Revolution löste diese Strukturen auf. Die Menschen begannen in Fabriken zu arbeiten – abhängig angestellt und nicht mehr selbstständig – und konnten auf einmal entlassen werden. Das führte zu Massenarbeitslosigkeit und Widerständen, die Bismarck einzudämmen versuchte, um das Überleben der Monarchie zu sichern.

Das Konzept der staatlich organisierten Solidargemeinschaft, in der Menschen sich bei Krankheit, Unfällen oder Notlagen gegenseitig versichern, hat sich in den vergangenen Jahrzehnten bewährt, trotz der damit zusammenhängenden Bürokratie, dem vereinzelten Missbrauch und den Reformen, die notwendig wurden. Seit den 1980er-Jahren haben wir zwei große erlebt: Zum einen ist die Pflegeversicherung, die anders als die Renten-, Arbeits- und Krankenversicherung keine Vollversicherung ist, als vierte Säule der sozialen Sicherheit dazugekommen. Zum anderen veränderte die Arbeitsmarktreform Agenda 2010 die Strukturen des Sozialstaats weitreichend.

Unverändert geblieben ist bis heute, dass die Absicherung über die Arbeit finanziert wird. Die Ansprüche, die jemand an das Solidarsystem stellen kann, leiten sich von seiner oder ihrer Erwerbsarbeit ab. Diese Verbindung zu kappen würde einen elementaren Bruch darstellen, der aus sozialdemokratischer Sicht weit über die bloße Existenzsicherung hinausginge: Berührt würden auch Fragen der Identität (wie eingangs beschrieben), Teilhabe, Emanzipation und des Selbstverständnisses des Menschen. Die soziale Absicherung ist bisher stets das Gegengewicht dazu gewesen, die bei Individuen für Vertrauen und Sicherheit sorgt und motiviert, sich auf Veränderungen einzulassen.

Die heutige Debatte über die Notwendigkeit einer Grundsicherung, jenseits der Arbeitsgesellschaft, ist nicht neu. Ihr Ursprung liegt mehr als 500 Jahre zurück. Schon der britische Gelehrte Thomas Morus beschrieb 1516 in seinem Roman *Utopia* eine dem Grundeinkommen verwandte Idee, die dazu führen sollte, dass Diebstahl künftig überflüssig wird. Im 20. Jahrhundert schlug der US-amerikanische Ökonom Milton Friedman Anfang der 60er-Jahre die negative Einkommenssteuer vor – er wollte sämtliche Sozialstaatsleistungen durch eine einzige vom Staat ausgezahlte Summe ersetzen. Sein Konzept entstammt einer liberal-ökonomischen Haltung und zielt vor allem auch auf den Abbau von Bürokratie ab. Verbunden war seine Idee mit der Vorstellung, dass es zum schlanken Staat kommt und man die Abhängigkeit des Einzelnen von den Sozialverwaltungen drastisch reduzieren könnte. Der Staat wiederum würde sich von der Verantwortung für den Einzelnen entlasten.

Vor allem politisch links eingestellte Denker kritisierten Friedmans Vorschlag immer wieder deutlich – über eine Grundsicherung wurde in den folgenden Jahren in Variationen trotzdem weiter diskutiert, ab 1972 verstärkt unter dem Eindruck des Berichts des Club of Rome über die »Grenzen des Wachstums« und möglichen Rationalisierungen infolge neuer Technologien. Schon damals befürchtete man umfangreiche Entlassungen und einen Rückgang der Arbeit. Konkrete Vorschläge, wie eine Grundsicherung aussehen sollte, konnten die Vertreter, die meist aus linkslibertär-ökologischen Kreisen kamen, aber nie machen. Sie scheiterten vor allem auch an der Frage, wie man ein etwaiges Modell finanzieren könnte.

Das Chancenkonto – zentral für ein neues Sozialstaatskonzept

Seit drei, vier Jahren nimmt die Diskussion wieder deutlich Fahrt auf. Die aktuellen Entwicklungen – Dekarbonisierung, Digitalisierung, demografischer Wandel – stellen unsere Absicherungssysteme mehr denn je auf den Prüfstand. Anders als zu Bismarcks Zeiten, der damals seinen Sturz befürchten musste und deshalb notgedrungen die Sozialreformen einleitete, müssen wir keine Unruhen befürchten. Zudem gehe ich davon aus, dass Arbeit auch zukünftig eine sehr große Bedeutung in unserem Leben haben wird. Wie schon in den vorigen Kapiteln ausgeführt, verändert sich unsere Arbeitsgesellschaft aber so massiv, dass der Sozialstaat ins Wanken gerät. Konnten wir bisher von dem Standard des sogenannten »Normalarbeitsverhältnisses« und kontinuierlichen Lebensläufen ausgehen, so werden wir künftig immer mehr Brüche und Lücken in den Werdegängen sehen. Sie entstehen durch den rasanten technologischen Wandel, die gestiegenen Anforderungen und die erhöhte Flexibilisierung von Arbeitszeit und Arbeitsort, die die Digitalisierung mit sich bringt. Die Chance, einer Tätigkeit von der Ausbildung bis zum Ruhestand in einem Unternehmen nachgehen zu können – sofern man das denn überhaupt will –, nimmt weiter deutlich ab. Die Wahrscheinlichkeit, dass man versetzt wird, sich mehrmals in seiner Karriere fort- und weiterbilden muss, seine Anstellung verliert oder sich selbstständig macht, steigt. Auch die Qualifizierungsbedarfe erhöhen sich und führen dazu, dass Menschen erst später in die Vollbeschäftigung starten. Mein Vater war 15 Jahre alt, als er in seiner Ausbildung zum ersten Mal an der Drehbank stand. Mit Anfang sechzig war er körperlich geschwächt. Heutzutage und in Zukunft werden die Menschen immer älter und bleiben länger gesund, nicht zuletzt durch die Kooperation mit Robotern. Meine erste voll versicherungspflichtige Arbeit habe ich mit sechsundzwanzig begonnen. Das alles hat Konsequenzen sowohl für die Finanzierung der Sozialversicherungssysteme als auch für die individuellen Ansprüche zum Beispiel aus der Rente. Entscheidender ist allerdings die ganz persönliche Frage, wie der Sozialstaat eine sich verändernde Arbeitsgesellschaft für die Menschen begleitet. Trägt er mich durch die Veränderungen der Arbeitswelt, und unterstützt er mich dabei?

Umbrüche im Erwerbsleben von Menschen dürfen nicht zu Unsicherheit oder gar Angst führen und damit eine mögliche Neuorientierung belasten. Wir benötigen hier eine Wiederbelebung des Solidarprinzips im Rahmen einer solidarischen Grundsicherung. Dabei darf das Erarbeitete nicht länger angetastet werden – sei es ein Haus, eine Wohnung oder sonstiges Eigentum. Die Lebensleistung von Menschen muss abgesichert werden. Die Absicherung der Lebensleistung in Verbindung mit der Würdigung gemeinnütziger Arbeit, wie vorhergehend beschrieben, sind zwei wesentliche Bausteine eines modernen Sozialstaates. Weitere Ideen hat Andrea Nahles im Bundestagswahlkampf bereits vorgeschlagen. Im Zentrum steht ein »Erwerbstätigenkonto«, auch Chancenkonto genannt. Sein Ziel ist es, Menschen bei Veränderungen im beruflichen Alltag individuell zu stützen und zu begleiten, indem es jedem Bürger und jeder Bürgerin nach der Ausbildung ein Guthaben zur Verfügung stellt, über das man jederzeit frei verfügen kann. Die Summe ist durch die Solidargemeinschaft finanziert, und die Zwecke der Verwendung können sehr stark variieren: Nutzt der eine das Geld, um eine Fortbildung zu finanzieren, verwendet es die Nächste als Startkapital für eine Unternehmensgründung, während andere ihr Sabbatical, die verlängerte Elternzeit oder den vorzeitigen Ruhestand finanzieren. Auch Arbeitszeitanpassungen infolge eines Pflegefalls in der Familie sind so möglich. Meine Vorstellung wäre, dass das Konto zu Beginn mit 5000 Euro ausgestattet ist und jedem, der eine Lehre, Ausbildung oder ein Studium absolviert hat, zur Verfügung gestellt wird. Im Laufe der Jahre wächst der Betrag auf 20 000 Euro pro Person an. Das ist ein gutes Polster, um sich auf die Veränderungen im Erwerbsleben einzustellen und ihnen begegnen zu können.

Die Vorteile des Chancenkontos liegen auf der Hand: Der Sozialstaat würde sich stärker den persönlichen Bedürfnissen anpassen und dabei helfen, sie zu finanzieren. Es könnte die Übergänge zwischen zwei Lebens- und Arbeitsphasen ermöglichen und sie absichern und wäre auch interessant für den jungen Mitarbeiter eines Start-ups, den ich vor einiger Zeit in Berlin bei einem Unternehmensbesuch kennengelernt habe. Er ist Ende zwanzig, verdient – so vermute ich – ordentliches Geld und hat noch keine Familie zu versorgen. Er meinte, dass unser Sozialstaat ihn bevormunden würde. Es sei wichtig, abgesichert zu sein, das schon, aber er sehe es nicht ein, in einen Topf einzahlen zu müssen, aus dem Menschen Hilfe bekämen, die völlig anders leben würden als er. Er, so stellte sich bei unserem darauffolgenden kurzen Disput heraus, definiert Solidarität anders, als wir es bislang getan haben. Seine Bezugsgröße ist nicht mehr die Gemeinschaft aller in Deutschland lebenden Menschen, die füreinander einstehen, sondern eine kleinere Gruppe, die sich über mehr Gemeinsamkeiten definiert als die im Pass eingetragene Nationalität. Ich glaube nicht, dass ein Sozialstaat Aufgaben wie etwa die Alterssicherung einer gesamten Bevölkerung so bewältigen kann, aber das Gespräch brachte das Paradox, das wir zu lösen haben, noch einmal auf den Punkt: Wir müssen ein Modell finden, das solidarisch finanziert wird, aber dem Einzelnen mehr persönliche Freiheiten einräumt als bisher.

Finanzierung über eine neue Erbschaftssteuer

Das Chancenkonto würde das berücksichtigen. Der Leistungskatalog wird stärker individualisiert und unterstützt die Eigenverantwortung und Selbstständigkeit des Einzelnen. Es ist auch weit mehr als eine individuelle Arbeitslosenversicherung, da sein Zweck deutlich breiter ist. Meiner Einschätzung nach trägt es dazu bei, dass das sogenannte soziale Erbe abgeschwächt werden kann. In der Sozialpolitik wird häufig kritisiert, dass Sozialläufe und Arbeitsbiografien weitergegeben werden, von den Eltern auf die Kinder und von ihnen auf die Enkelkinder – ein Arbeiterkind hat demnach wenig Aussicht darauf, die Universität zu besuchen, und muss in der Regel denselben Weg einschlagen, den schon seine Eltern oder sogar Großeltern gegangen sind. Wie viele Mühen es kostet, diese negative Spirale zu durchbrechen, habe ich selbst erfahren: Mein Vater, ein Zeitsoldat, der später Lastkraftwagen fuhr, und meine Mutter, die in anderen Haushalten putzte, verstanden nicht, was ich auf dem Gymnasium wollte und wieso ich danach auf die Uni ging. Ich sollte möglichst schnell Geld verdienen, so wie sie, und zum Unterhalt der Familie beitragen. Dass es anders kam, hatte auch mit meinen Lehrern zu tun, die halfen, meine Eltern davon zu überzeugen, dass ich es bis zum Abitur schaffen könnte. Finanziell unterstützen konnten sie mich allerdings nie. Das Chancenkonto hingegen stünde jedem zur Verfügung, unabhängig davon, woher er oder sie stammt und welches Vermögen zur Verfügung steht, und würde vor allem den Menschen den Weg ebnen, die im Leben mehr Hürden überwinden müssen als andere. So betrachtet, nähme es Teile eines Bedingungslosen Grundeinkommens auf, ohne allerdings die Arbeitsgesellschaft und ihre Kraft für Zusammenhalt, Identität, Teilhabe und Emanzipation infrage zu stellen.

Da es im Kern um die Entwicklung von Menschen auf der Basis ihrer Herkunft geht und darum, die Zwangsläufigkeit des sozialen Erbes zu eliminieren, wäre es folgerichtig, das Chancenkonto aus Erträgen einer veränderten Erbschaftssteuer zu finanzieren. Die Verknüpfung mit diesem Instrument könnte zudem dafür sorgen, dass das Problem ungleicher Startbedingungen von Menschen stärker in die gesellschaftliche Debatte einfließt – noch immer ist Deutschland viel zu wenig durchlässig für sozialen Aufstieg. Der Aufbau einer solchen Struktur ginge nicht von heute auf morgen, ließe sich aber sicher innerhalb von zwei Legislaturperioden bewerkstelligen.

Die Renten müssen wieder solidarisch organisiert werden

Neben der Herausforderung, eine wachsende Zahl von Übergangsphasen im Arbeitsleben der Menschen zu finanzieren, stellt sich auch die Frage, wie die Renten zukunftssicher gemacht werden können. Grundsätzlich halte ich das etablierte Dreisäulenmodell, das aus der Hauptrente in der Sozialversicherung, der betrieblichen Rente und der privaten Vorsorge besteht, weiterhin für tragfähig, sofern es neu justiert und wieder solidarisch ausgerichtet wird. Das ist momentan nicht der Fall. Einige Berufsgruppen wie Ärztinnen und Ärzte, Rechtsanwälte und Rechtsanwältinnen, Architektinnen und Architekten, Notare und Notarinnen, Apothekerinnen und Apotheker oder Wirtschaftsprüfer und -prüferinnen sind in eigenen berufsständischen Versorgungswerken organisiert. Sie zahlen nicht in die allgemeine Rentenkasse ein, und weil es leistungsstarke Gruppen sind, haben sie dem Solidarsystem erhebliche Finanzierungsanteile entzogen. Zudem ist die Risikoverteilung innerhalb bestimmter Berufe sehr homogen, weshalb sich die Versorgungswerke, die sich über eine Kapitaldeckung finanzieren, aus Anlageprodukten leichter Zinserträge erwirtschaften können. Das Ziel muss es sein, wieder alle Berufsgruppen in einem System der Erwerbstätigenversicherung zu binden. Außerdem merken verschiedene Gruppen, die sich in den letzten Jahren in Versorgungswerken aus der Solidargemeinschaft herausgelöst haben, dass sie erheblich unter Druck stehen. Die Niedrigzinsphase macht ihr Modell zunehmend schwierig, deshalb müssen sie darüber nachdenken, wie sie sich mittelfristig aufstellen. Eine Rückabwicklung in die Solidargemeinschaft hielte ich für den besten Weg.

Bei betrieblichen Renten stellt sich insbesondere in kleinen und mittleren Unternehmen die Frage, wie sie insolvenzfest gemacht werden können. Digitale Geschäftsmodelle sind in der Lage, schneller und tiefgreifender als früher globale Unternehmen und ganze Branchen wirtschaftlich in Bedrängnis zu bringen. Auch wenn hier noch belastbare Daten und Erfahrungen fehlen, so ist es möglich, dass wir künftig weniger große Konzerne und sehr viel mehr Fluktuation auf den Märkten sehen werden. Konkret: Neben der Unsicherheit, die das für Arbeit- und Auftragnehmer mit sich bringt, steigt die Gefahr einer Firmenpleite. Das Risiko, Beiträge zu verlieren, die man über 10 oder 20 Jahre lang fürs Alter eingezahlt hat, steigt. Auch hier sind solidarische Lösungen in Form von betriebsübergreifenden Modellen gefordert. Für Unternehmen des Dienstleistungssektors, vor allem aber der Digitalwirtschaft, wäre das neu – sie haben keine Tradition der tariflichen Regelungen und Vereinbarungen. Es ist jedoch an der Zeit, auch Plattformunternehmen (näher beschrieben im Kapitel »Die Plattformökonomie – groß, größer, zu groß«) in die Mitverantwortung zu nehmen. Wie, das zeigt exemplarisch der Bausektor. Weil das Geschäft in der Branche schon immer sehr schwankend verlief, sichert die SOKA-BAU, die Urlaubs- und Lohnausgleichskasse der Bauwirtschaft und der Zusatzversorgungskasse des Baugewerbes AG, wie sie vollständig heißt, ihre Angestellten ab. Die unabhängige, übergeordnete Instanz verpflichtet Unternehmerinnen und Unternehmer des Baugewerbes, zusätzlich zu den Löhnen einen Anteil in die Kasse der SOKA-BAU zu zahlen, aus der Ausbildungen, Lohnausgleiche und Betriebsrenten finanziert werden. Ohnehin muss man feststellen, dass die Bedingungen, unter denen Bauarbeiterinnen und Bauarbeiter arbeiten, den künftigen Herausforderungen der digitalen Arbeitsgesellschaft ähnlich sind. Maurerinnen und Maurer, Gerüstbauerinnen und Gerüstbauer oder Dachdecker und Dachdeckerinnen mussten immer schon mit schlechtem Wetter, Arbeitslosigkeit im Winter, einem häufigen Wechsel des Arbeitsplatzes, Insolvenzen und einer hohen Fluktuation zurechtkommen. Ein stetiger, lückenloser Berufsverlauf ist eher die Ausnahme als die Regel – Brüche und Lücken im Lebenslauf gehören zum Alltag, und die müssen abgesichert werden. Womöglich wäre es nicht verkehrt, sich daran zu erinnern und zu prüfen, ob die im Bau schon lange eingeführten Modelle eine Orientierung für weitere Sektoren geben können.

Weil sich Lebensläufe und berufliche Karrieren immer seltener vorhersagen lassen, muss auch der Renteneintritt flexibler werden. Zur Erinnerung: Für die Berechnung der Rente, und zum Teil auch die der Arbeitslosenversicherung, gehen wir davon aus, dass Menschen 45 Jahre lang arbeiten. Verfügen sie in dieser Zeit über ein im Schnitt mittleres Einkommen, sind sie im Alter abgesichert. Kommen sie auf 40 oder 35 Jahre, können sie davon in der Regel auch leben. Sind es beim Renteneintritt jedoch nur 35 oder weniger Jahre bei einem niedrigen Einkommen, hat man ein Problem. Der Mechanismus ist bekannt: Je mehr Jahre fehlen und je geringer das Einkommen ist, desto kleiner fällt die Rente aus. Um die notwendigen 45 Erwerbsjahre gut und sicher erreichen zu können, wird es deshalb nicht nur um Finanzierungsfragen, sondern auch um einen flexibleren Renteneintritt und um die Bedingungen am Arbeitsplatz gehen. Voraussetzung dafür ist also auch ein Kulturwandel innerhalb vieler Branchen und Unternehmen, wie schon im Kapitel »Neue Perspektiven für die Arbeitswelt – von der Arbeit zur Aufgabe« erläutert: Menschen müssen auch mit 50 oder 55 Jahren noch eine Perspektive auf dem Arbeitsmarkt haben und Arbeiten nachgehen können, die es ihnen erlauben, bis zu ihrem Renteneintritt zu arbeiten.

Mich beeindruckt in diesem Zusammenhang immer wieder Japan. Sicher ist die japanische Arbeitsgesellschaft anders und hierarchischer ausgeprägt als unsere. Dazu kommt, dass das Land die mit Abstand älteste Bevölkerung hat und die Lebenserwartung deutlich höher liegt als in den meisten anderen Ländern der Welt. Das durchschnittliche Renteneintrittsalter in Japan liegt bei 69 Jahren. Dort gelingt es viel besser, dass auch ältere Arbeitnehmerinnen und Arbeitnehmer einen Arbeitsplatz finden. Deutschland bewegt sich demografisch allerdings ebenfalls in diese Richtung.

Ein richtungweisender Schritt hin zu mehr Flexibilisierung der Beschäftigung ist kürzlich der IG Metall in Baden-Württemberg gelungen. Die Gewerkschaft hat für 900 000 Mitarbeiterinnen und Mitarbeiter der Metall- und Elektroindustrie nicht nur ein höheres Entgelt, freie Tage für die Kindererziehung und Pflege sowie eine Entlastung bei Schichtarbeit erzielt, sondern auch den Anspruch durchgesetzt, die Arbeitszeit für maximal 24 Monate auf 28 Stunden pro Woche herunterzufahren. Das ist ein Paradebeispiel für eine moderne Arbeitszeitpolitik, die den Erfordernissen des 21. Jahrhunderts Rechnung trägt. Zudem zeigt der Abschluss, dass die Flexibilisierung nicht nur einseitig verstanden werden kann, nämlich zugunsten der Unternehmen, sondern auch die Arbeitnehmerinnen und Arbeitnehmer Anspruch auf eine freiere Gestaltung ihrer Arbeit haben, etwa wenn sie ein Kind bekommen, sich nebenbei fortbilden wollen oder einfach nur Kraft tanken müssen nach anstrengenden Jahren im Job.

In Diskussionen über flexiblere Renteneintritte und moderne Arbeitszeitmodelle müssen sich die Interessenvertreterinnen und –vertreter allerdings noch mehr und entschiedener einschalten als bisher. Das ist nicht leicht. Die auseinanderdriftenden Vorstellungen und Wünsche, die

Menschen mittlerweile an ihre Arbeit stellen, lassen sich zum Teil kaum auf einen Nenner bringen, und junge Mitarbeiterinnen und Mitarbeiter, die gerade erst ihr Studium absolviert oder eine Ausbildung abgeschlossen haben und dann in einem Start-up anfangen, sind kulturell weit von so mancher Gewerkschaft entfernt. Es fällt ihnen schwer zu verstehen, warum sie sich im Kollektiv vertreten lassen sollten. Das gilt insbesondere für alle Kreativen, Uber-Fahrer und Essenslieferanten, die als sogenannte »Crowdworker«, »Klickworker« oder »Solo-Selbstständige« ihre Dienstleistungen im Netz anbieten und individualistisch unterwegs sind. Umso wichtiger ist es, dass die Gewerkschaften sich um diese kleinen, kaum greifbaren Einheiten bemühen, weil sich Strukturen der sozialen Absicherung nicht von alleine herausbilden – häufig gibt es in diesen Unternehmen noch nicht mal einen Betriebsrat. Einige wenige Gewerkschafter haben diese Pionieraufgabe erkannt und versuchen, jenseits der großen Organisationen, Betriebsvereinbarungen und Tarifverträge kleinteiligere, fluide Formen der Beteiligung und Vertretung zu ermöglichen. Weit gekommen sind sie allerdings noch nicht.

Kapitaleinkünfte in der Sozialversicherung anrechnen

Um zu einer gerechteren Finanzierung der Sozialversicherungen zu kommen, reicht es künftig nicht, die individuellen Beiträge aus dem Lohn, Gehalt oder Honorar abzuleiten. Auch die Kapitaleinkommen müssen stärker in den Blick genommen werden. Diese tragen maßgeblich zu einer ungleichen Verteilung des Wohlstands in unserer Gesellschaft bei – Kapitalerträge werfen wesentlich mehr Erträge ab, als ein steigendes Einkommen eines Angestellten es je könnte –, sie spielen bei der Berechnung bis heute aber keine Rolle. Das ist nicht mehr zeitgemäß. Zusammen mit Dr. Thomas Spieß und Andrea Ypsilanti habe ich schon 2005 ein erstes

Bürgerversicherungskonzept vorgeschlagen, bei dem die Beiträge aus allen Einkommensarten errechnet werden, unter anderem auch aus Dividendengewinnen, Immobilien, Grund und Boden und Zinserträgen der unterschiedlichsten Art. Unser Plan, der sehr umstritten war, hätte für einige wenige Menschen eine deutliche Mehrbelastung bedeutet und für viele andere einen deutlich niedrigeren Krankenversicherungsbeitrag. Um dafür zur sorgen, dass wirklich alle Menschen in einer Grundsicherung abgefedert sind, bin ich aber immer noch davon überzeugt, dass wir Kapitaleinkünfte in die Sozialversicherung einbeziehen müssen. Wer größere Vermögen anlegen kann, profitiert nämlich im Vergleich zu Niedrig- und Normalverdienern schon jetzt sehr viel stärker von den elektronischen Möglichkeiten, Geld über den Globus bewegen zu können – und ich gehe davon aus, dass dieser Hebel im Zuge der Digitalisierung noch an Bedeutung gewinnt.

Im Kleinen macht uns die Schweiz übrigens vor, wie so ein Modell aussehen könnte: Für Straftickets zahlen Autofahrer keinen einheitlichen Preis, sondern werden abhängig von ihrem Einkommen zur Kasse gebeten. Die Schweizer akzeptieren nicht, dass sich ein millionenschwerer Lamborghini-Fahrer für ein Vergehen mit einer Strafe von, sagen wir, 50 Euro freikaufen kann.

Es sind nicht nur die staatlich organisierten Versicherungssysteme, die sich im Zuge der Digitalisierung und des demografischen Wandels wandeln müssen. Auch die private Vorsorge ist gefordert. Sie funktioniert nach wie vor nach einem schlichten, wirkungsvollen Prinzip: Eine Gruppe von Menschen schließt sich zusammen, jeder zahlt in gewissen Abständen (monatlich oder jährlich) einen Betrag, und bei einem Unfall, einer Krankheit oder einem Sachschaden begleicht die Gemeinschaft die Kosten für die Ärztin oder die Werkstatt, die sich der oder die Einzelne ohne Versicherung nicht leisten könnte. Und selbst wer nur in den Topf einzahlt, geht nicht leer aus – er oder sie erkauft sich die beruhigende Gewissheit, im Zweifel abgesichert zu sein. Für die eigene Existenz ist das von unschätzbarem Wert.

Aus diesem Konzept ist eine der wirtschaftlich wichtigsten Branchen entstanden. Der Gesamtverband der Deutschen Versicherungswirtschaft hat nach eigener Aussage 431 Millionen Verträge abgeschlossen, um die Bürgerinnen und Bürger vor Risiken aller zu Art schützen. Die Versicherungswirtschaft beschäftigt mehr als eine halbe Million Menschen und schließt nach eigener Aussage rund 90 Prozent der Neuverträge im persönlichen Kontakt ab. Ob es bei dieser sehr hohen Zahl bleibt, ist fraglich. Die Digitalisierung hat begonnen, auch in diesem Sektor einiges in Bewegung zu setzen. Die Kunden und Kundinnen verlangen, auch im Netz und über Social-Media-Kanäle angesprochen und informiert zu werden, dazu haben sich Vergleichsportale gegründet, die den Maklerinnen und Maklern das Geschäft erschweren. Wer sich online einen Überblick verschaffen kann, braucht, gerade bei unkomplizierten Produkten, womöglich keine persönliche Beratung mehr. Andere Start-ups wollen nicht zwischen Kunde und Kundin und Versicherung vermitteln, sondern selbst als Manager und Makler auftreten. Diese sogenannten »Insurtechs«, zusammengesetzt aus »Insurance« (Versicherung) und »Technology« (Technologie), bieten als Dienstleistung die digitale Verwaltung der persönlichen Versicherungen an. Statt auf Papier in einem dicken Aktenordner lassen sich die unterschiedlichen Policen am Bildschirm sortieren, vergleichen, abschließen oder kündigen, und wer einen Schaden hat, meldet ihn auch hierüber.

P2P-Policen: innovative digitale Versicherungsmodelle

Die Digitalisierung verändert aber nicht nur die Art und Weise, wie wir mit einem Versicherungsunternehmen kommunizieren und Verträge abwickeln. Sie sortiert unsere bisher gelebte Solidarität neu. Basierten die Modelle bisher auf der Annahme, dass – vereinfacht gesagt – alle Versicherten einer Kfz- oder Hausratversicherung die gleichen Voraussetzungen, Interessen und Ansprüche an die Leistung ihrer Versicherung haben, so fühlen sich die einzelnen Mitglieder jetzt längst nicht mehr automatisch zugehörig zu der Gruppe. Die Vielzahl und Transparenz der heute verfügbaren Informationen sowie konkurrierende Angebote machen deutlich, dass man womöglich eine individuellere Lösung bevorzugen sollte. Konkret gesagt: Ich rauche nicht. Warum sollte ich also für das Risiko eines Menschen einstehen, der seit 30 Jahren eine Schachtel am Tag raucht? Zumal ich ihn oder sie noch nicht mal über Facebook kenne. Wäre es nicht gerechter, ich könnte in einer Versicherungsgruppe sein, in der ich unter meinesgleichen bin und von der Raucher ausgeschlossen sind? Um es gleich zu sagen: Nein, ich würde mir keine neue Gemeinschaft suchen. Solidarität heißt, sich nicht gleich abzuwenden, wenn Menschen nach anderen Maßstäben handeln als man selbst. Und dass Versicherungen aus diesem Gedanken Policen entwickeln, ist kein Phänomen der digitalen Zeit. Wer regelmäßig Sport treibt und medizinische Vorsorgeuntersuchungen einhält und nachweist, bekommt schon seit längerem Bonuszahlungen seiner Versicherung.

Neu ist auch in diesem Markt die Dynamik, in der die Chance liegt, andere, zukunftsfähige Lösungen zu finden. Sie geht von Start-ups und Querdenkern aus, die datengetriebene Geschäftsmodelle entwickeln. Eines davon heißt Lemonade und hat eine App auf den Markt gebracht, über die man seinen Vertrag abschließen kann, während man auf seinen Bus zur Arbeit wartet. Kunden und Kundinnen müssen nur ein paar Fragen beantworten, danach errechnet eine künstliche Intelligenz das jeweilige Risiko und die monatliche Versicherungssumme. Im ersten Schritt ist es nur Einwohnerinnen und Einwohnern der USA möglich, Lemonade für seine Unfall- und Hausratversicherung zu nutzen – das Unternehmen sitzt in New York. Die Erwartungen sind aber schon jetzt groß. Nach Google ist kürzlich auch die Allianz-Versicherung als Investorin eingestiegen. Dass Algorithmen statt Mitarbeiterinnen und Mitarbeiter die Kundengespräche führen und auch Schadensregulierungen übernehmen und auszahlen – angeblich innerhalb von wenigen Minuten möglich –, macht Lemonade für sie attraktiv. Zumal das Start-up nach eigener Aussage Menschen erreicht, die zuvor keine Versicherung hatten. So gut es ist, dass Menschen ohne jeden Schutz dadurch abgesichert werden, bleiben bei mir Zweifel, ob Algorithmen Menschen bewerten sollten.

Einen anderen Ansatz verfolgen sogenannte »Peer-to-Peer«-Versicherungen. Hier schließen sich kleine Gruppen von 10, 20 oder 50 Personen zusammen, die sich entweder bereits kennen (so wie bei dem deutschen Vorreiterunternehmen Friendsurance) oder noch nicht kennen, aber über einen Algorithmus zusammengebracht werden, weil sie ähnliche Voraussetzungen mitbringen (wie bei Teambrella.com). Der Gedanke dahinter: Wer sich kennt, regelmäßig austauscht und gemeinsam die Regeln festlegt, nach denen Schäden reguliert werden, handelt verantwortlicher – das Risiko des Missbrauchs wird minimiert. Bei Teambrella geht die Unabhängigkeit sogar so weit, dass nicht mal ein Rückversicherer im Hintergrund einspringt – die Gruppe ist auf sich alleine gestellt, die verschlüsselte Technologie der Blockchain macht verbindliche Transaktionen möglich.

Die Einsatzmöglichkeiten dieser Modelle sind begrenzt. Sie haben ihre Belastbarkeit noch nicht über einen längeren Zeitraum unter Beweis gestellt, und ich gehe davon aus, dass sie für große Elementarschäden nicht geeignet sind. Die Kosten, die beispielsweise Stürme verursachen, wie wir sie in Mitteleuropa in letzter Zeit häufiger gesehen haben, können nicht von einem kleinen, privaten Kreis abgesichert werden. Ähnlich kritisch bin ich bei Kfz-Versicherungen. Die Folgen eines Unfallschadens, etwa mit einem Tanklastzug oder Gefahrguttransporter, bei dem Menschen verletzt oder gar getötet werden, sind viel zu groß. Trotzdem sollte man Nischenideen wie diese nicht kleinreden. Sie gehören zu den fortschrittlichsten im Netz und könnten dazu beitragen, dass Menschen erreicht werden, die bislang ohne Versicherungen leben, und das Konzept von Absicherung neu definiert wird – abseits von den bisherigen Konzern- und Monopolstrukturen.

Dort werden Innovationen in der Regel geboren, am Rande von Branchen, Sektoren, Organisationen und Institutionen, und nicht in ihrer Mitte. Bei der Ausarbeitung einer neuen Sozialstaatskonzeption müssen wir unseren Blick also am dringendsten auf zwei Gruppen richten: zum einen auf die, die die Chancen des neuen Arbeitsmarkts aus den unterschiedlichsten Gründen nicht gleich und nicht von alleine ergreifen können. Sie dürfen nicht zurückgelassen werden und müssen einen neuen Platz in der digitalisierten Gesellschaft finden. Zum anderen auf die, die anpacken wollen und helfen, unseren bisherigen Sozialstaat linear weiterzuentwickeln. Denn darum geht's: nicht um einen radikalen Bruch, sondern um die Fortführung des Bewährten, diesmal mit digitalen Mitteln.

4. Kapitel
Meine Daten gehören mir – Wie wir die Rechte der Bürgerinnen und Bürger schützen

Stellen Sie sich einmal kurz vor, Sie bräuchten nur eine App, um Ihr gesamtes Leben zu organisieren. Mit dem kleinen Programm könnten Sie jederzeit und von überall aus online einkaufen, Geld überweisen oder Ihren Freunden und Freundinnen welches leihen, mehrwöchige Fernreisen buchen oder Kinokarten reservieren, mit der Familie Video-Gespräche führen, chatten, Fotos und Nachrichten verschicken, Spiele spielen, einen Arzttermin vereinbaren, ein Taxi bestellen, an der Supermarktkasse bezahlen und einen neuen Partner oder eine neue Partnerin finden. Würden Sie diese Super-App nutzen?

Was in Deutschland wie Fiktion klingt, ist in China Alltag. Mehr als 900 Millionen Menschen dort haben auf ihren Smartphones und Tablets die App »Weixin« installiert, die im Westen unter dem Namen »WeChat« firmiert, aber nur vergleichsweise wenigen Menschen bekannt ist. Die Chinesen hingegen vertrauen auf den Dienst und schätzen die oben aufgezählten Annehmlichkeiten, die ihnen der weit verbreitete und umfassende Service bietet. Das ist verständlich: Wer nur eine App für fast sämtliche Belange braucht, kann seinen Alltag reibungsloser gestalten und muss sich keine Gedanken darüber machen, wie er wo und mit wem kommunizieren, verhandeln, flirten, Angebote prüfen oder Käufe beauftragen kann. So wie es bei uns inzwischen keine Frage mehr ist, ob jemand auch unterwegs erreichbar ist, sondern nur noch, über welche Handynummer, so ist es in China keine Frage mehr, ob jemand WeChat-User ist oder nicht. Sondern nur noch, wie man ihn oder sie dort findet. Die Telefonfunktion ihres Mobiltelefons haben sie hingegen häufig auf eine der hinteren Seiten verbannt. Oder sie verzichten ganz darauf.

Die Bestrebung, möglichst viele Dienstleistungen in sich zu vereinen, sind auch von Facebook, Apple und Google bekannt. Der Pekinger Konzern Tencent, der hinter dem Messenger Weixin steckt, verfolgt diesen Weg aber schon seit der Gründung und so konsequent wie kein Konkurrent. Und je mehr Nutzer und Nutzerinnen dazukommen, desto besser kann Tencent die dabei anfallenden Daten sammeln, auswerten und miteinander kombinieren, um bestehende Dienstleistungen noch kundenfreundlicher zu machen oder um neue zu entwickeln, die den Alltag noch stärker erleichtern. Hier zeigen sich sehr deutlich die Vorteile von digitalen, skalierbaren Geschäftsmodellen: Über den Online-Rückkanal sendet jeder Nutzer oder jede Nutzerin mit jeder Aktion ein Signal an den Betreiber. Zwar ist es zunächst nur ein kleines und für sich genommen unbedeutendes. Aber aus dem Abgleich mit weiteren Daten ergibt sich ein Bild, das die Wirklichkeit viel präziser abbildet, als es analoge Methoden je konnten. Je größer ein Unternehmen also ist, desto präziser weiß es über die Bedürfnisse und Wünsche der Menschen Bescheid und kann darauf reagieren und sie befriedigen.

Würde ich also WeChat installieren, wenn man die App in vollem Umfang auch in Deutschland und Europa nutzen könnte? Nein, auf keinen Fall.

Natürlich akzeptiere auch ich bei Apps, in sozialen Netzwerken und bei Online-Einkäufen, dass Unternehmen die Daten, die ich zur Verfügung stelle, nutzen können, und ich hatte noch nie das Gefühl, dass ein Unternehmen meine Daten missbraucht und für andere Zwecke verwendet und weitergibt als den von mir zugestimmten. Trotzdem versuche ich, es mir online nicht zu bequem zu machen. Ich gehe sparsam mit meinen Daten um, verschlüssele meine Mails so häufig wie möglich, verwende WhatsApp erst, seitdem das Unternehmen eine sichere Verschlüsselung garantiert, außerdem benutze ich Threema als zusätzlichen Messengerdienst für sensible Kommunikation – und ich nutze unterschiedliche Geräte, Betriebssysteme und Programme, damit meine Daten dezentral verteilt sind und nicht in der Hand eines Unternehmens liegen. Nur auf einen Anbieter zu setzen halte ich nicht für ratsam. Auch das zeigt das Beispiel WeChat sehr deutlich: Tencent, der Konzern hinter der App, bietet seinen Nutzerinnen und Nutzern so gut wie keine Schutzmechanismen an – die Nichtregierungsorganisation Amnesty International gab ihm bei einer Untersuchung zum Datenschutz von Messengern im Herbst 2016 null von maximal 100 Punkten. Zusätzlich hat die chinesische Regierung den Zugriff auf die Daten sichergestellt. Seit dem letzten Jahr müssen sämtliche sozialen Netzwerke ihre Daten auf chinesischen Servern sechs Monate lang speichern.

Sozialkreditsystem als Ersatz für den Rechtsstaat

In China läuft ein ganz besonderer Modellversuch. Ziel ist es, ein zentrales »Sozialkreditsystem« mit Malus- und Bonuspunkten aufzubauen, durch das alle Einwohner und Einwohnerinnen für »positives« Verhalten im Alltag belohnt und bei »negativem« sanktioniert werden. Pilotprojekte gibt es bereits: Wer nicht dadurch auffällig wird, dass er zu schnell Auto fährt, bei Rot über eine Ampel geht oder seine Rechnungen verspätet begleicht, kann günstigere Flugtickets buchen und soll später leichter einen Kredit erhalten oder seine Kinder auf bessere Schulen schicken können. In Schanghai wird mit einer – bislang freiwilligen – App per Gesichtsscan und eingetippter Passnummer »getestet«, ob man ein »guter«, »normaler«, »schlechter« oder »sehr schlechter« Mensch ist. Die Organisatoren des Versuchs in Schanghai sprachen davon, dass damit die Schwächen des Rechtsstaates ausgeglichen würden und daher ein solches System als Fortschritt angesehen werde. Eine Einschätzung, die sicher hierzulande große Irritation auslöst. Um das Verhalten der Bürgerinnen und Bürger bewerten zu können, werden sie umfassend kontrolliert. Wer sich online politisch kritisch äußert oder über Tabuthemen wie Homosexualität spricht, muss zum Beispiel mit einem Besuch der Polizei rechnen oder mit einer Sperrung der Social-Media-Accounts. Zum Standardwerkzeug vieler Chinesen – und auch im Land lebender Ausländer, die zum Beispiel für Niederlassungen deutscher Unternehmen arbeiten – gehören deshalb sogenannte »Virtual Private Networks«-Apps (VPN), die eine Art digitalen Kommunikationstunnel graben und der Regierung die Kontrolle und das Mitlesen privater Nachrichten erschweren oder gar unmöglich machen. Mit VPN umgehen die Chinesen auch die »Great Firewall«, die ihre Regierung um den einheimischen Online-Markt errichtet hat – nur so haben sie die Möglichkeit, sich bei eigentlich gesperrten Services westlicher Firmen wie Dropbox, Facebook oder Instagram anzumelden.

Das will der Staat allerdings nicht länger hinnehmen. Er setzt Vorgaben für in- und ausländische VPN-Anbieter sowie für Google und Apple, die darüber wachen, welche Apps in ihrem Play- und App-Store, den größten weltweit, angeboten werden dürfen. Die Folge: Die Zahl der VPN-Anbieter in den App-Stores sinkt monatlich. Damit werden die Räume weniger, in denen sich Bürgerinnen und Bürger, Oppositionelle, Menschenrechtsaktivisten, Künstler, Schwule, Lesben frei unterhalten und ihre Gedanken austauschen können. Die Allzweck-App WeChat bietet ebenfalls keinen kommunikativen Schutzraum mehr: Der Betreiber Tencent, der Ende 2017 an der Börse erstmals mehr wert war als Facebook und so präzise Persönlichkeitsprofile von Kundinnen und Kunden besitzt wie vielleicht kein anderes Unternehmen weltweit, ermittelt anhand von Einkaufsverhalten, Ausgaben und Social-Media-Aktivitäten die Kreditwürdigkeit seiner Kunden und Kundinnen, ohne die Kriterien hinter dem Algorithmus offenzulegen. Manch westlicher Internetriese träumt von einer solchen Markt- und Gesellschaftsdurchdringung.

In Deutschland sind wir von diesem Extrembeispiel weit entfernt. Kein Politiker, keine Politikerin und keine Partei will einen derart umfassenden Zugriff auf Daten. In unserem Grundgesetz ist die Meinungsfreiheit fest verankert, wir haben beim Datenschutz Maßstäbe gesetzt und vor zehn Jahren das Grundrecht auf »Gewährleistung der Vertraulichkeit und Integrität informationstechnischer Systeme« eingeführt. Trotzdem sind wir vor digitalen Übergriffen nicht gefeit.

Der Bundestag hat im Sommer 2017 ein Gesetz beschlossen, das Sicherheitsbehörden weitreichende Befugnisse erteilt. Demnach dürfen Ermittler in Laptops, Desktop-Computer, Smartphones oder Tablets von verdächtigen Personen eindringen, die laufende Kommunikation über einen längeren Zeitraum überwachen, aber auch auf ältere Texte, Fotos, Videos oder SMS zugreifen. Finden sie eine Sicherheitslücke im System, kommen sie ohne Probleme rein, müssen sie erst digitale Hürden überwinden, ist ihnen das auch gestattet – um dann das umgangssprachlich »Staatstrojaner« genannte Überwachungsprogramm zu platzieren. Dass der Staat seine Bürgerinnen und Bürger vor dieser Quellen-Telekommunikationsüberwachung, wie sie im Behördendeutsch heißt, eigentlich schützen soll – das wird mit diesem Gesetz und im Namen der inneren Sicherheit ausgehebelt.

Wie weit darf ein Staat gehen? Was gehört zu den individuellen Freiheiten, und wo müssen Behörden eingreifen, weil sie befürchten, dass Kriminelle und Terroristen Verbrechen und Attentate über digitale Medien planen? Ich will kein Sozialkreditsystem, weil das Erheben und das Sammeln von Daten zu Propaganda, Fehlinformationen, Steuerung und Überwachung führen. Gleichwohl stehen wir im 21. Jahrhundert vor der Frage, wie es uns gelingt, die Sicherheit in unserem demokratischen Staat, der auf elementaren Grundwerten basiert, zu gewährleisten – und zugleich allen Menschen die größtmöglichen Chancen auf persönliche Freiheit, Entfaltung und ein selbstbestimmtes Leben zu ermöglichen.

Der Datenreichtum wächst jeden Tag weiter

Klar ist, dass es keinen Weg zurück mehr gibt. Daten fallen bei immer mehr Prozessen an, sei es in Fabriken durch Industrieroboter, durch Autofahrer, die ein modernes Telemetrie-System an Bord haben, oder durch Jogger, die ihre Laufstrecke aufzeichnen. Die Menge der neuen Daten, aber auch unsere Speicherkapazitäten wachsen rasant. Wer nicht möchte, dass seine persönlichen Daten darunter sind, kann sich kaum wehren. Natürlich ist es theoretisch möglich, auf Smartphones, Tablets und den Download von Apps zu verzichten, in sozialen Netzwerken nicht präsent zu sein und Bahn- und Flugtickets immer nur mit Bargeld am Schalter eines Reisebüros zu bezahlen. In der Praxis ist das aber längst nicht mehr so leicht.

Je weiter die Technisierung voranschreitet, desto größer wird der Aufwand, den man treiben muss, um analog zu leben und mit Freunden, Bekannten, Kolleginnen und Kollegen zu kommunizieren, weil diese auf digitale Kanäle umgestiegen sind. Das Problem: Wer sich dem verweigert, verliert Einfluss und womöglich auch soziale Kontakte. Ähnlich wie in der binären Digitaltechnik, die nur die Signalzustände 1 und 0 kennt, hat man häufig bloß die Wahl zwischen ganz oder gar nicht, zwischen Dabeisein und Nichtdabeisein. Soziale Netze haben in den letzten Jahren unterschiedliche Privatsphäre-Einstellungen eingeführt, wenn einem diese aber nicht ausreichen oder Passagen der Allgemeinen Geschäftsbedingungen nicht zusagen, hat man darüber hinaus keine Möglichkeit, Dienste selbst zu konfigurieren oder nur halb zu nutzen. Erschwert wird die Entscheidung dadurch, dass sie nicht nur individuell getroffen wird, sondern im Ergebnis das Votum einer Gruppe ist. So bringt es nichts, auf die verschlüsselten, aber weniger bekannten Messenger »Signal« oder »Threema« zu setzen, wenn die Menschen, mit denen man im Kontakt bleiben will, eine populärere, aber unsichere Alternative bevorzugen. Die

Mehrheit setzt den Standard – und wer damit nicht einverstanden ist, bleibt außen vor.

Ich bin kein Technikpessimist. Im Gegenteil. Ich profitiere sehr davon, dass mich mein Tablet und mein Smartphone nicht nur meiner Familie und meinen Freunden näher bringen, sondern auch meinen Mitarbeiterinnen und Mitarbeitern und vor allem den Bürgerinnen und Bürgern, für die ich arbeite. Aber wer welche Daten über mich besitzt, sie einsehen oder gar verkaufen kann, das weiß ich nicht. Das muss sich ändern. Wir müssen den Datenschutz verbessern und weiterentwickeln – ein Beispiel hierfür ist der Arbeitnehmerdatenschutz –, mehr Transparenz herstellen und besser aufklären, beginnend mit den Bürgerinnen und Bürgern. Möglichkeiten, seine digitale Identität zu verteidigen, gibt es – indem man seine Mails und SMS verschlüsselt, sparsam mit seinen Daten umgeht und Suchmaschinen verwendet, die keine Angaben und Ergebnisse speichern. Die Bürgerinnen und Bürger müssen dafür allerdings sensibilisiert werden. Viele gehen noch sehr sorglos mit ihren Daten um.

Zu der gesellschaftlichen Debatte, die wir dringend benötigen, gehört es auch, über die verschiedenen Arten von Daten zu diskutieren. Wir müssen unterscheiden zwischen nichtpersonalisierten und personenbezogenen Daten, die eindeutige Rückschlüsse auf einen Menschen erlauben. Letztere müssen stärker geschützt werden. Da die Grenzen allerdings häufig nicht eindeutig sind, muss einer passenden Regulierung erst die Debatte vorausgehen. Leicht zu klären ist die Frage, wem welche Daten gehören, aber nicht. Ein Beispiel, nehmen wir die Vernetzung von Fahrzeugen: Es regnet, und der Sensor meiner Scheibe schickt diese Information an eine zentrale Stelle zur Wetterauswertung, damit Aussagen über das Wetter präziser werden und der Hersteller meines Autos analysieren kann, ob mein Fahrstil dem Wetter angemessen ist oder ich Unterstützung durch Assistenzsysteme benötige. Wem gehören diese Daten? Mir, weil ich durch den Regen fahre? Dem Hersteller, weil er den Sensor in mein Auto eingebaut hat? Oder dem Betreiber der Messstation, die die Daten sammelt?

An neuralgischen Punkten wie diesen brauchen wir Transparenz und die Selbstbestimmung der Nutzerinnen und Nutzer sowie Bürgerinnen und Bürger. Welche Daten möchten sie weitergeben und in welchem Umfang? Die Standardeinstellung ab Werk sollte zum Vorteil der Bürger und Bürgerinnen sein (»Privacy by default« und »Privacy by Design« genannt) – und keinen unkontrollierten Datenfluss im Hintergrund zulassen. Die Frage, ob man mehr Daten preisgeben möchte (und dafür im Gegenzug womöglich weitere Leistungen erhält), ist legitim und sollte weiter gestattet sein. Beides aber würde helfen, mehr Menschen für ihre informationelle Selbstbestimmung und den Schutz ihrer Daten zu sensibilisieren. Wer hierzu im Vorfeld verständlich und transparent befragt wird, entscheidet selbst. Im Übrigen auch darüber, ob er oder sie etwas zu verbergen hat. Dieses Argument – »Ich mache nichts Verbotenes, meine Daten darf jeder sehen« – wird in der Diskussion um die digitale Freizügigkeit in sozialen Netzwerken gerne benutzt. Ich halte es allerdings nicht für stichhaltig. Nur weil man nichts zu verbergen hat, ändert das nichts an der Tatsache, dass persönliche, intime Angaben trotzdem nicht für die freie Verfügung durch Dritte bestimmt sind. Wer sich bewusst anders entscheidet, soll dazu die Möglichkeit haben. Wer private Angaben aber nicht preisgeben will, muss die Möglichkeit haben, das zu verhindern. Die Selbstbestimmung ist der Maßstab in der digitalen Debatte, nicht die Fremdbestimmung.

Ein neuer Datenschutz für Europa

Ein erster wichtiger Schritt dafür wurde bereits getan. Ab dem 25. Mai 2018 wird die bereits 2016 in Kraft getretene europäische Datenschutzgrundverordnung (DSGVO), die den Datenschutz erstmals EU-weit harmonisiert, verbindlich. Die Verordnung sieht vor, das Recht auf informationelle Selbstbestimmung auszuweiten. Auch der Grundsatz, dass personenbezogene Daten in der Regel nicht erhoben und verarbeitet werden dürfen, bleibt erhalten. Darüber hinaus wurden die Verbraucherrechte gestärkt. Betroffene Bürgerinnen und Bürger können ihre Daten besser einsehen, korrigieren, löschen und von einem Unternehmen zum anderen übertragen, ihre Einwilligungen jederzeit und ohne Begründung widerrufen und auch einzelnen Zwecken der Datenverarbeitung – etwa fürs Marketing – widersprechen. Unternehmen, die sich nicht an die Verordnung halten, müssen mit höheren Strafen als zuvor rechnen.

In dem Text sind viele gesetzliche Standards aus Deutschland auf die europäische Ebene gebracht worden, und die Harmonisierung ist sehr gut und begrüßenswert für die Bürgerinnen und Bürger und die Unternehmen. Ein einheitlicher Rechtsrahmen mit hohen Standards erzeugt Sicherheit für die Verbraucher und Verbraucherinnen und weniger Wettbewerbsverzerrung innerhalb Europas. Wir Sozialdemokratinnen und Sozialdemokraten haben uns sehr für diese Verordnung eingesetzt, auch gegen liberale und konservative Kräfte, die ja bekanntlich »Bedenken second« anmelden, mehr Datenschutz für zweitrangig halten und die Gefahr sehen, dass die strengeren Vorgaben digitale Innovationen verhindern. Ich teile diese Einschätzung nicht. Aus technologischen Innovationen wird nur dann eine lebenswerte Zukunft, wenn sie den Menschen dienen und sozialen Fortschritt auslösen.

Dazu trägt meiner Meinung nach auch die Vorratsdatenspeicherung bei. Das Konzept, präventiv personenbezogene Telekommunikationsdaten zum Schutz vor Kriminalität und Terror zu speichern, ist umstritten – unter anderem haben das Bundesverfassungsgericht und der Europäische Gerichtshof in den letzten Jahren Gesetze für ungültig erklärt, die das erlaubten. Die Meinung der Kritiker, denen zufolge es grundsätzlich keine Vorratsdatenspeicherung geben dürfe, teile ich trotzdem nicht. Ich bin überzeugt davon, dass es unter klaren und restriktiven Voraussetzungen ein Instrument wie die präventive Speicherung von Daten geben muss. Zu diesen Kriterien zählen unter anderem Speicherfristen von deutlich unter sechs Monaten (wobei drei Monate in aller Regel ausreichen); die richterliche Entscheidung vor Abruf gespeicherter Daten; der Abruf nur bei schwersten Straftaten gegen Leib, Leben oder sexuelle Selbstbestimmung; kein Abruf zur Erstellung von Bewegungsprofilen; Einhaltung der vom Bundesverfassungsgericht festgelegten Datenschutzstandards sowie strenge Sanktionen bei einem Verstoß gegen die Regelungen und Standards.

Blickt man auf die Wirtschaft, ist es richtig, dass die Datenschutzgrundverordnung auch kleine und mittelständische Unternehmenen verpflichtet, die Risiken einzuschätzen und zu minimieren, die aus der Verarbeitung von Daten für die Rechte und Freiheiten von Menschen entstehen. Für Mittelständler und Familienunternehmen ist das keine kleine Aufgabe. Alle einschlägigen Untersuchungen und Berichte zeigen, dass die deutschen Firmen die Herausforderungen der Digitalisierung bislang nur unzureichend einschätzen und nicht vorbereitet sind. Die Eindrücke, die ich bei Besuchen in Unternehmen mitnehmen konnte, decken sich mit dieser Analyse. Zwar digitalisieren viele Mittelständler und Familienunternehmen ihre Produktion und Lagerung. Das Schlagwort »Industrie 4.0« mit der smarten, vernetzten Lieferkette steht überall auf der Tagesordnung. Zugleich sehe ich jedoch, dass sich viele Unternehmen wenig Gedanken um die damit zusammenhängenden Entwicklungen machen: Wird es meine Dienstleistung oder mein Produkt in zehn Jahren eigentlich noch

geben? Oder ist es digital ersetzbar? Wie schule ich mein Personal langfristig, damit schnelle Entwicklungen möglich sind? Und vor allem: Wie
sichere ich meine Daten innerhalb des Unternehmens?

Mehr Datensicherheit im »Internet der unsicheren Dinge«

Mit diesen Fragen müssen sich vor allem die Unternehmen schnell und
umfassend beschäftigen, die noch wenig Expertise bei der Digitalisierung
haben, aber planen, ihr Geschäft technologisch zu verändern. Experten
und Expertinnen warnen bereits vor einem »Internet der unsicheren
Dinge«, in dem Hersteller von zum Beispiel Waschmaschinen oder Kü-
chen ihre Geräte ans Netz anbinden, durch unzureichende Sicherheitsvorkehrungen aber Schwachstellen produzieren, die Hacker für Angriffe
nutzen, Daten in ihren Besitz und Teile des Internets lahmlegen können.
Die Netz- und Systemsicherheit ist eine strukturelle Frage, die lange unterschätzt wurde. Künftig muss darauf ein stärkeres Gewicht gelegt werden.
Wir brauchen Verpflichtungen für den Aufbau von Sicherheitsstrukturen,
und sie müssen überprüft werden. Das gilt für öffentliche Einrichtungen und Gesundheitsinstitutionen ebenso wie für andere Hersteller von
Dingen, die eine Online-Verknüpfung beinhalten. Sie müssen in die Verantwortung genommen werden, etwa durch die Pflicht zu regelmäßigen
Sicherheitsupdates. Keine Firma kann ihre Verantwortung ab Kauf ablegen.

Innerhalb von Betrieben drängen sich diese Fragen ebenfalls auf, da
immer mehr Unternehmen künstliche Intelligenz (KI) für eine Schlüssel-
technologie halten, die zum Wachstum beitragen soll. Die Wirtschaft
sucht deshalb beispielsweise die Nähe zum renommierten Deutschen For-
schungszentrum für Künstliche Intelligenz (DFKI) in Saarbrücken und
kooperiert mit Wissenschaftlerinnen und Wissenschaftlern. Die Anwen-

dungen sind vielfältig und in allen Abteilungen zu finden: In der Kunden-
betreuung analysieren Systeme E-Mails und bearbeiten sie oder weisen
Besucher einer Webseite zum passenden oder günstigsten Produkt (»ku-
ratiertes Shopping«). Im Handel treffen Algorithmen anhand von großen
Datenmengen präzise Vorhersagen über den zu erwartenden Vertrieb,
ordern selbstständig Waren nach und tragen dazu bei, dass Lagerkos-
ten und Rohstoffverbrauch gesenkt werden. Mit Kameras ausgerüstete
Drohnen sind in der Lage, Bohrinseln, Mobilfunkmasten und Windkraft-
anlagen abzufliegen und ihre Ergebnisse an KI-Analysesysteme zu über-
mitteln. Der japanische Risikokapitalgeber Deep Knowledge berief ein
KI-System 2014 sogar in seine Unternehmensleitung – um Trends auf
dem Markt aufzuspüren, die für Menschen noch nicht offensichtlich sind.
In der Logistik erklären digitale Handschuhe Arbeitern, in welchem Re-
gallager die gerade gesuchte Ware liegt. Bei der Reparatur von Groß-
maschinen weisen Brillen auf ihrem Display Ingenieuren den schnellsten
Weg zum defekten Bauteil.

Software sagt voraus, wann jemand kündigen will

So sinnvoll dieses Zusammenspiel von Menschen und Maschinen ist:
Das verstärkte Erheben und Nutzen von Daten macht aus den Mitarbeiterinnen und Mitarbeitern gläserne Belegschaften. Strukturwissen und
Metadaten gewinnen an Bedeutung. Mithilfe von Analysesoftware lassen sich Muster herausfiltern, die Aussagen über das künftige Verhalten
treffen lassen. Dabei wird das Verhalten der Mitarbeiterin in Relation zum
Durchschnittsverhalten gesetzt, und aus Abweichungen werden Rückschlüsse gezogen. Kommt es zu Auffälligkeiten, werden diese an die Vor-
gesetzten weitergeleitet. Das Unternehmen Workday, das Software für
Personalabteilungen vertreibt, wirbt damit, die Abwanderungsgedanken

von Mitarbeiterinnen und Mitarbeitern frühzeitig erkennen zu können, weil diese im Vorfeld einer Kündigung statistisch gesehen häufiger auf die Toilette gehen, sich öfter krankmelden, ihre Gleitzeitphasen abbauen und weniger Mails weiterleiten als zuvor. Vorteil für den Arbeitgeber: Er kann rechtzeitig in die Verhandlung einsteigen, um der Kündigung vorzubeugen. Oder er kann die Nachfolge regeln und einen nahtlosen Übergang in die Wege leiten.

Aus Sicht der Mitarbeiterinnen und Mitarbeiter ist diese Form der Datenverarbeitung höchst problematisch, und es ist zweifelhaft, ob sie rechtlich zulässig wäre. Die Erhebung erfolgt zweck- und anlasslos, die Auswertung ist losgelöst vom Anlass der Erhebung. Die Methoden sind zwar für Programmiererinnen und Programmierer nachvollziebar, die Beschäftigten wissen allerdings nicht, welche Informationen gesammelt und nach welchen Kriterien sie analysiert werden. Vielfach führt die Datenerhebung auch zu einer Verdichtung der Arbeit. Amazon beispielsweise stattet Arbeiterinnen und Arbeiter in seinen Lagern mit GPS-Modulen aus. Das Gerät zeigt die Route zur Ware an, zeichnet aber auch Änderungen zum vorgegebenen Weg und Pausen auf. In solchen durchorganisierten Systemen gibt es keinen Raum mehr für individuelle Abweichungen, die nicht sofort gespeichert und weiterverarbeitet werden. Ein kurzer Plausch mit der Kollegin ist in dieser Form der Arbeit weder erwünscht noch möglich. Dem Gebot der Datensparsamkeit steht die Ignoranz als Regelfall gegenüber: Da, wo der Datenschutz in der betrieblichen Praxis als Behinderung der eigenen Gestaltungs- und Organisationsmöglichkeiten angesehen wird, beheben Unternehmen datenschutzwidrige Umstände nicht. Auch Angela Merkel plädierte bereits für eine Abkehr vom Prinzip der Datensparsamkeit. Was fehlt, ist eine klare Regelung, aus der hervorgeht, dass die Technologie zu einer Vereinfachung und Erleichterung der Produktion führen soll – sie aber keine Überwachung von Mitarbeiterinnen und Mitarbeitern möglich machen darf, die darüber hinaus Rückschlüsse auf deren Persönlichkeit zulässt.

In den vergangenen 40 Jahren wurde bereits mehrfach versucht, ein Beschäftigtendatenschutzgesetz zu formulieren, das beiden Seiten und auch den Anforderungen der Zeit gerecht wird. Bis auf einzelne Regelungen im Datenschutzgesetz, die nur Einzelfragen der Datenerhebung, -verarbeitung und -nutzung behandeln, sind keine weiteren Bestimmungen getroffen worden. Es hat sich in Verhandlungen zwischen Arbeiternehmer- und Arbeitgebervertretern gezeigt, dass die jeweiligen Positionen zu unterschiedlich sind. Das zunehmende Ungleichgewicht zwischen den Maßnahmen der Arbeitgeber und den individual- und kollektivrechtlichen Möglichkeiten der Arbeitnehmerinnen und Arbeitnehmer macht ein Gesetz allerdings dringender denn je – hier muss der nationale Gesetzgeber auf Basis der europäischen Datenschutzgrundverordnung tätig werden. Es liegt in seiner Hand, für den Beschäftigtendatenschutz zu sorgen.

Betriebsräte müssen Mitspracherecht bekommen

Zu den heutigen Missständen gehört, dass Betriebsräte kein umfassendes Mitwirkungsrecht am Datenschutz haben. Dieses sollte zum Katalog der sozialen Mitbestimmung des Betriebsverfassungsgesetzes hinzugefügt werden. Betriebsräte können dann initiativ werden, der Weg zur Einigungsstelle stünde ihnen dann auch bei diesen Konflikten offen. Damit würden wir das Recht auf informationelle Selbstbestimmung in der digitalen Arbeitswelt stärken. Auch das sogenannte Territorialprinzip für Betriebsräte muss reformiert werden. Daten werden längst nicht mehr nur intern, sondern zunehmend außerhalb von Konzernen verarbeitet, vollständig outgesourct durch das Cloud- und Crowdworking. In der

Praxis schrumpft damit die Zuständigkeit von Betriebsräten. Zur effektiven Durchsetzung der Interessen der Mitarbeiterinnen und Mitarbeiter müssen sie aber unabhängig von ihrem Standort entlang der gesamten Liefer- und Wertschöpfungskette tätig werden können. Der freie Datenverkehr braucht eine kollektivrechtliche Kontrolle an seiner Seite.

Darüber hinaus müssen Arbeitnehmer und Arbeitnehmerinnen die Chance haben, sich individualrechtlich zu schützen. Kann bei einem Konflikt keine Einigung innerhalb des Unternehmens erzielt werden, sollte ihnen der Weg zu staatlichen Stellen oder Arbeitsgerichten offenstehen, ohne eine Kündigung befürchten zu müssen. Letzteres gilt auch und insbesondere für die Meldung von Datenschutzverstößen durch Arbeitnehmer oder Arbeitnehmerinnen. Die unabhängigen und weisungsfreien Datenschutzbeauftragten der Länder müssen hier die Ombudsleute sein, an die sich Whistleblower und Whistleblowerinnen straffrei wenden können.

In der digitalen Ökonomie erfassen Unternehmen aber längst nicht nur von festangestellten Menschen Daten, sondern auch von freien und temporär aushelfenden Mitarbeiterinnen und Mitarbeitern. Oder von Bewerbern, die auf eine Anstellung hoffen. Im Kontakt mit ihnen setzen Personalmanagerinnen und -manager ebenfalls künstliche Intelligenz ein. In diesem Headhunting 2.0 gleichen Maschinen die Lebensläufe von Kandidatinnen und Kandidaten mit den jeweiligen Kriterien der Ausschreibung ab. Vor allem für große Konzerne, die Tausende von Bewerbungen im Jahr erhalten, ist das eine Arbeitserleichterung, die, wenn der Algorithmus gut programmiert ist, neutraler als ein Mensch bewerten und eine Vorauswahl treffen kann. Die Technologie ist spannend, weil sie mehrere Probleme löst: Zum einen spart sie den Personalern und Personalerinnen Zeit, die sie wiederum für persönliche Gespräche nutzen können. Zum anderen kann die Maschine eigenständig das Netz und Social-Media-Profile durchsuchen und passende Kandidatinnen und Kan-

didaten vorschlagen, die selbst womöglich noch gar nichts von der va-
kanten Stelle wissen. Unternehmen wandeln sich, mit ihnen auch die
Jobprofile, und die Bedeutung jeder einzelnen Mitarbeiterin wächst –
daher bekommt die Frage, welche Menschen zu welchem Unternehmen
und auf welche Position passen, eine noch größere Bedeutung als bisher.
Künstliche Intelligenz kann helfen, Antworten darauf zu liefern und die
Trefferquote für beide Seiten zu erhöhen – für die Unternehmen sowie
die Mitarbeiterinnen und Mitarbeiter.

Künstliche Intelligenz rekrutiert neue Mitarbeiterinnen und Mitarbeiter

Andererseits: Durch künstliche Intelligenz erhalten Unternehmen ein
Instrument, das für ein noch größeres Ungleichgewicht beim Recrui-
ting-Prozess sorgt. Ist es für Personalerinnen und Personaler heute schon
möglich, Blog-Posts, Partyfotos, politisches und gewerkschaftliches Engagement von bestehenden Mitarbeiterinnen und Mitarbeitern und neuen
Bewerberinnen und Bewerbern in sozialen Netzwerken zu finden und
zu ihrer digitalen Personalakte hinzuzufügen, so können Unternehmen
diese Detektivarbeit künftig automatisieren und leicht auf sehr viel mehr
Menschen ausdehnen. Der Gefahr, dass jede Äußerung gesucht, gefunden und gesammelt wird, muss vorgebeugt werden. Es geht darum, das
Unsichtbarmachen und Löschen von Informationen zu ermöglichen und
zugleich die Medienkompetenz von Verbrauchern und Verbraucherinnen zu stärken – wenn man nicht weiß, was man löschen oder verbergen
sollte, bringt die technische Möglichkeit nichts. Abgesehen davon gilt
beim Recruiting aber auch in Zukunft: Kein Algorithmus ersetzt ein per-
sönliches Gespräch. Versuche mit Robotern, die Kandidatinnen und Kandidaten befragen, gab es schon – Personaler und Personalerinnen irren

jedoch, wenn sie glauben sollten, ihre Entscheidung an Maschinen delegieren zu können. Standardisierung durch Digitalisierung kann nicht die Antwort auf die bevorstehenden Probleme sein. Der Mensch muss die finale Entscheidung treffen. Immer. Darüber hinaus kann es immer Menschen geben, die sich bewusst und aus persönlichen Gründen dagegen entscheiden, im Netz umfassend präsent zu sein und ihr Leben auszubreiten. Wer zurückhaltend mit seinem digitalen Profil ist, wird von Algorithmen dann nicht oder schwerer gefunden – was aber keine Aussage darüber trifft, wie qualifiziert diese Person für einen potenziellen Job wäre.

Bislang haben Bürgerinnen und Bürger, Kundinnen und Kunden sowie Mitarbeiterinnen und Mitarbeiter nur wenig Chancen zu erkennen, wie und welche Geräte persönliche Daten aufzeichnen und weitergeben, selbst bei Technik, die sie zunehmend auch in der eigenen Wohnung oder im Haus integrieren. Die Sprachassistenten von Google und Amazon, die manche Menschen wie ein neues Familienmitglied begrüßen und rund um die Uhr im Stand-by-Modus »zuhören«, sind eines der bekanntesten Beispiele. Sie sind aber längst nicht die einzigen. Fernseher verfügen inzwischen auch über Internetanschlüsse, Kameras und Mikrofone, und Türschlösser sind mittlerweile ebenso digital steuerbar wie Rollläden, Stromzähler und Heiz- oder Lichtanlagen. Letztere sollen dabei helfen, Energie präziser als zu analogen Zeiten bereitzustellen, Kosten zu sparen und die Umwelt zu schonen. Der blinde Fleck bei der Nutzung der Daten, die über private Gewohnheiten und Tagesabläufe Auskunft geben können, bleibt trotzdem.

AGBs müssen kürzer und verständlich formuliert werden

Andersherum verhält es sich mit den Allgemeinen Geschäftsbedingungen, die einem beispielsweise vor dem Download einer App vorgelegt werden. Sie sind häufig zu lang und schwer verständlich und führen nicht zu mehr Transparenz. Es ist absurd: Einerseits beschleunigt und vereinfacht die Digitalisierung vieles – andererseits muss man erst zehn dicht beschriebene Seiten mit AGBs lesen, um von dieser Vereinfachung zu profitieren. Nachvollziehbar, dass kaum eine Nutzerin sich die Mühe macht, die Vereinbarung tatsächlich Absatz für Absatz zu verstehen. Die gesetzlichen Vorgaben tragen eine Mitschuld an diesem Problem – mit dem Argument des Verbraucherschutzes sind die Regeln auch von digitalen Services über die Zeit immer restriktiver und die Erklärungen dazu immer komplexer geworden; durch die Europäische Datenschutzgrundverordnung werden die Datenschutzerklärungen von Unternehmen ebenfalls noch mal länger. Der Wirtschaft kommt das entgegen, den Juristen und Juristinnen auch. Sie haben daraus ein Geschäftsmodell entwickelt. Aus Sicht der Verbraucherinnen und Verbraucher wäre eine verständlichere Kommunikation der Allgemeinen Geschäftsbedingungen und auch des Datenschutzes wichtig, die Vertrauen schafft und jedem Nutzer, jeder Nutzerin eine schnellere Abschätzung des persönlichen Risikos ermöglicht. Ein »One Pager« könnte ein Weg sein – eine einseitige Zusammenfassung der wichtigsten Punkte der jeweiligen Allgemeinen Geschäftsbedingungen. Eine weitere Maßnahme könnten Gütesiegel sein, mit denen Unternehmen werben dürften, ähnlich wie mit den Prüfergebnissen der Stiftung Warentest oder den Zertifikaten, die Ökoverbände für Bio-Lebensmittel vergeben, und es so Verbraucherinnen und Verbrauchern ermöglichen, ökologisch erzeugte Äpfel, Tomaten oder Kartoffeln von konventionellen unterscheiden zu können. Für den Datenschutz existieren ähnliche Versuche schon seit Jahren, bekannt und anerkannt sind sie bei Konsumenten und Konsumentinnen aber nicht. Um tatsächlich ein Beitrag zur Qualitätssicherung zu sein, müssten die Vergabekriterien von einer unabhängigen Instanz, einer Nichtregierungsorganisation etwa, entwickelt und die Vergabe in regelmäßigen Abständen überprüft werden. Zum Beispiel könnte das Bundesamt für Sicherheit in der Informationstechnik die verbindlichen Kriterien für ein solches zunächst einmal freiwilliges, nicht verpflichtendes Siegel definieren, das dann von verschiedenen Institutionen vergeben werden kann. Selbstverpflichtungen und von Unternehmen verfasste Berichte über ihren Umgang mit internen und externen Daten, die Nachhaltigkeitsreports nachempfunden wären, sehe ich hingegen kritisch. Es gibt zweifelsohne Unternehmen, die solche Berichte ernst nehmen und aus der Offenlegung ein zukunftsweisendes Arbeitsprogramm ableiten, das – neben den eigenen Stärken – auch die Schwächen ihrer Geschäftsmodelle formuliert. Die große Mehrheit der Nachhaltigkeitsberichte hat aber wenig Bewegung in die sozialen und ökologischen Themen der jeweiligen Unternehmen gebracht. Deshalb würde ich beim Datenschutz anderen, unabhängigen Instrumenten den Vorrang geben.

Fristbindung von Gesetzen: Datenschutz mit Haltbarkeitsdatum

Ein regelmäßig diskutiertes Instrument ist die Fristbindung von Gesetzen zum Datenschutz. Die Begründung der Befürworter leuchtet zunächst ein: Weil Forscherinnen und Forscher sowie Erfinder und Erfinderinnen in Labors und Unternehmen laufend neue Techniken entwickeln und die Granularität bei der Erhebung und Nutzung von Daten immer größer wird, Ärztinnen und Ärzte in der Medizin zum Beispiel immer präziser in den Menschen hineinblicken können, gehören die einmal festgelegten gesetzlichen Kriterien, nach denen vorgegangen werden darf, in regelmäßigen Abständen auf den juristischen und politschen Prüfstand. Sind sie noch zeitgemäß oder inzwischen außerstande, Antworten auf aktuelle rechtliche und ethische Fragen zu geben? Der Vorteil einer Ablaufregelung liegt in der Pflicht der Regierung, das betreffende Gesetz im Blick zu behalten. Macht sie das nicht, tritt es automatisch außer Kraft – und die Rechtsgrundlage wäre weg. Beim Datenschutz könnte ein Ablaufdatum von drei Jahren angemessen sein.

Andererseits, und das spricht dagegen: Es müsste eine ernsthafte Prüfung gewährleistet sein. In Hessen hat die CDU-geführte Regierung 1999 die pauschale Befristung sämtlicher Gesetze eingeführt. Das Ergebnis: Eine Evaluierung, die ihren Namen verdient, findet nicht statt. Standard ist bloß eine kurze Zwangsüberprüfung, nach der weitergemacht wird wie bisher. Entscheidend für die Wirksamkeit ist deshalb nicht die Befristung, sondern die seriöse, kritische Bestandsaufnahme. Es stellt sich noch ein weiteres Problem. Bei einer regelmäßigen Evaluierung kann es nicht das Ziel sein, alle paar Jahre grundlegend neu über informationelle Selbstbestimmung, Freiheit, Sicherheit und Datenschutz zu diskutieren. Zahlreiche Regelungen bewähren sich schon seit vielen Jahren und unterliegen keiner Halbwertszeit. Wie also trennt man die strittigen von den unstrittigen Themen? Geht man ins Detail, stellt man fest, dass das keine triviale Frage ist. Eine Lösung könnte darin liegen, den jährlichen Bericht des Datenschutzbeauftragten, den dieser immer in einer öffentlichen Sitzung des Parlaments vorstellt, zu einem umfassenden Evaluierungsbericht aufzuwerten. In der anschließenden Aussprache würde die Regierung Stellung beziehen und die Opposition Nachbesserungen anmahnen.

Zweifelhafter Nutzen von Digitalwährungen

Um die Rechte der Bürgerinnen und Bürger zu schützen, ist es auch nötig, digitale Währungen, sogenannte Kryptowährungen, zu regulieren. Der kometenhafte Kursanstieg und der anschließende Absturz des Bitcoins haben das gezeigt – so einige Nutzerinnen und Nutzer, die zu spät eingestiegen sind, dürften ihr eingesetztes Geld verloren haben. Digitalwährungen liegt ein anarchischer Kern zugrunde: Mittels eines mathematischen Prozesses werden die Werteinheiten von einem Computernetzwerk geschaffen, das ohne zentrale Instanz auskommt und die Nutzer und Nutzerinnen nicht nach ihrer Identität fragt. Zugang zum Netzwerk bekommen sie über ein Programm, das man sich herunterlädt, und abgewickelt werden die Transaktionen der allermeisten Digitalwährungen über die »Blockchain«, eine Art digitale Buchhaltung, zu der mit der neuen Zahlung ein weiter »Block« dazukommt. Je mehr Transaktionen stattfinden, desto länger und aufwendiger zu berechnen wird die Blockchain, was ihre Verschlüsselung zunehmend sicherer vor Missbrauch macht. Der Handel erfolgt in der Regel über Plattformen. Die Bundesanstalt für Finanzdienstleistungsaufsicht (BaFin) stuft den Bitcoin, die bekannteste Digitalwährung, als rechtlich verbindliches Finanzinstrument ein. Ein gesetzliches Zahlungsmittel ist er nicht.

Aus der Idee, die lange nur von Hackern vorangetrieben wurde, ist in jüngster Zeit ein regelrechter Hype entstanden. Der Wert des Bitcoins an seiner Börse notierte zeitweise bei über 10 000 Punkten, woraufhin sich Geschichten über reich gewordene Anleger häuften. Dann riefen der darauf folgende Kursverfall und der mangelnde Anlegerschutz führende Banker auf den Plan, die kritisierten, dass die Ersatzwährung das Vertrauen des gesamten Finanzsystems untergraben würde. Schließlich wurde bekannt, dass das sogenannte »Mining«, das automatisierte Schöpfen neuer Werteinheiten, höchst unökologisch ist, weil es weltweit gigantische Mengen Energie frisst. Dass Bürgerinnen und Bürger über diese Risiken aufgeklärt werden, ist eine richtige Forderung.

Wachsam müssen wir aber noch aus einem anderen Grund sein. Anfang des Jahres hat Venezuela als erstes Land seine eigene Digitalwährung eingeführt, den »Petro«. Russland und China könnten bald folgen, zumindest befassen sie sich nach eigener Aussage mit dem Thema und der Technologie. Setzen sie ihre Pläne um, werden die staatlichen Stellen sehr wahrscheinlich kein Interesse an verschlüsselten Transaktionen haben, wie das die Blockchain garantiert. Wenn dadurch allerdings die Barzahlung vollständig abgeschafft würde, das anonyme Zahlungsmittel schlechthin, und ein Staat jeden einzelnen Einkauf aufzeichnen und nachvollziehen kann, wird die Privatsphäre der Menschen noch stärker eingeschränkt, als sie es in Ländern wie China ohnehin schon ist.

Digitale Reisewarnungen vom Auswärtigen Amt

Von digitalen Repressionen sind vor allem die Chinesen heute bereits betroffen – aber auch Touristen und Geschäftsreisende sollten wissen, worauf sie sich bei einem Besuch einlassen, fast egal wohin man fährt. Die Wirtschaft verlangt heute größtmögliche Flexibilität von ihren Mitarbeiterinnen und Mitarbeitern – und schickt sie nicht nur quer durch die deutsche Republik, sondern auch ins europäische Ausland und in entfernter liegende Länder, nach Asien, Afrika, Nord- und Südamerika oder in den Nahen Osten. Hinzu kommt der verständliche Wunsch vieler Menschen nach privaten Wochenendtrips und Fernreisen: Die dramatisch gesunkenen Flugpreise ermöglichen viel mehr Menschen als noch vor 20 Jahren das buchstäbliche Eintauchen in andere Welten. Was vielen nicht bewusst ist: Das Einreisen in andere Länder mit Smartphones, Notebooks oder Tablets wird immer schwieriger. Das gilt nicht nur für autoritär geführte Länder wie Russland, China oder die Türkei, wo Menschen, die mit der verschlüsselten Messenger-App »Bylock« kommunizierten, im Jahr 2017 verhaftet wurden. Auch Staaten der Europäischen Union, die USA und Kanada erlauben es ihren Grenzbeamten und -beamtinnen, digitale Geräte von Geschäftsleuten und Touristen zu durchsuchen. Zwar kann man sich für die Aufforderung, Passwörter zu nennen und Fingerabdrücke zu geben, wappnen und vorsorgen: etwa indem man die Zahl der mitgeführten Geräte minimiert, Apps vorab löscht, notwendige Informationen in sicheren Cloud-Diensten speichert (von wo aus man sie nach der Einreise herunterlädt) oder sich eine temporäre Telefonnummer zulegt, die sich nach der Reise deaktiviert (sogenannte »Burner«-Phones). Da man allerdings über sehr viel Wissen verfügen muss, um den Grenzbehörden technisch Paroli bieten zu können, muss man in der Praxis festhalten, dass es individuell nahezu keine adäquatere Reaktionsmöglichkeit gibt als im Zweifel nicht in die USA oder ein anderes Land einzureisen. Die Frage muss also strukturell und somit politisch besprochen werden – wenngleich die Lösungschancen im Falle der USA mit der amtierenden Administration sehr übersichtlich sind und bleiben dürften.

Als Zwischenschritt hielte ich es für ratsam, wenn das Auswärtige Amt Bürgerinnen und Bürger zum digitalen Status quo eines Landes aufklären würde. Schon seit langem kann man sich auf den Internetseiten des Amts über aktuelle Reise- und Sicherheitshinweise zu allen Staaten informieren. Bislang betrifft das die jeweiligen Einreisebestimmungen, medizinische Hinweise, Zoll- oder strafrechtliche Vorschriften. Diese Auflistung sollte erweitert werden: Wie geht ein Land mit den digitalen Daten seiner Bürgerinnen und Bürger und Gäste um? Was ist über staatliche Überwachung bekannt? Mit welchen Fragen hinsichtlich seiner digitalen Aktivitäten muss man möglicherweise rechnen? Ist man verpflichtet, Passwörter seiner Geräte, Mail-Konten und Social-Media-

Accounts herauszugeben? Ist es sicher, kostenlose WLAN-Netze in Straßencafés zu nutzen? Welche Rechte hat man bei einer Befragung, und wie kann man sich vor Missbrauch schützen? Diese Fragen und Antworten sollten im 21. Jahrhundert Bestandteil einer gewissenhaften Reisevorbereitung sein.

Fluch und Segen: die schwierigen Ermittlungen im Darknet

Eine Herausforderung für den Schutz der Persönlichkeitsrechte ist auch das Darknet. Dieses häufig als Unterwelt des Internets bezeichnete Netz wurde während der Proteste und Aufstände des Arabischen Frühlings, die sich Ende 2010 von Tunesien aus auf weitere Staaten Nordafrikas und des Nahen Ostens ausweiteten und zum Sturz von vier und zur Umbildung weiterer sechs Regierungen führten, bekannter. Das Darknet ähnelt dem öffentlichen Internet, ist mit einem herkömmlichen Browser aber nicht zugänglich, macht seine Inhalte nicht über die gängigen Suchmaschinen öffentlich und verschleiert die Identität und den Standort seiner Nutzerinnen und Nutzer. Seine Rolle ist sehr ambivalent. Einerseits wäre der Arabische Frühling ohne das Darknet nicht möglich gewesen. Im Schutz der Anonymität bot – und bietet – es Minderheiten, Aktivistinnen und Aktivisten und Oppositionellen, die Repressionen, Verhaftungen und Folter fürchten mussten, einen sicheren Ort der Kommunikation und des Austauschs von Dokumenten. Sie konnten, ungestört und unerkannt von den Herrschern, Aktionen planen. Dafür nutzen es auch westliche Medien wie die britische Zeitung *Guardian*, die *New York Times* oder die Umweltschutzorganisation Greenpeace. Mithilfe der verschlüsselten Strukturen haben sie sogenannte »Secure Drop«-Postfächer eingerichtet, über die ihnen Whistleblower unerkannt vertrauliche Informationen zuspielen können, um Wirtschaftsverbrechen oder politische Korruption auffliegen zu lassen. Selbst Facebook hat eine Darknet-Präsenz eingerichtet, um Nutzern und Nutzerinnen in Staaten, die das Freundschaftsnetzwerk blockieren, einen Zugang zu verschaffen.

Andererseits kann man in dem Schattenreich nahezu jede Straftat beauftragen. Auf Plattformen, die denen von Onlinehändlern wie Amazon nicht unähnlich sind, werden Drogen, Waffen und Gewaltverbrechen angeboten. Es gibt Kinderpornos, Falschgeld, verschreibungspflichtige Medikamente, gefälschte Pässe, Kreditkartendaten, nachgemachte Rolex-Uhren und Anleitungen für Neulinge, wie man im Darknet ein illegales Geschäft aufbaut. Manche Portale machen nach Schätzungen von Experten und Expertinnen Dutzende von Millionen Euro Umsatz im Jahr – bezahlt wird meist in der ebenfalls anonymisierten Kryptowährung Bitcoin. Das macht das Darknet auch zu einem Schutzraum für organisierte Kriminalität, Sexualstraftäter und Terroristen.

Ihnen auf die Spur zu kommen, das ist die Aufgabe der Zentralstelle zur Bekämpfung der Internetkriminalität (ZIT) im hessischen Gießen, eine Sondereinheit der Generalstaatsanwaltschaft Frankfurt. Die Beamten und Beamtinnen haben sich drei Schwerpunkte gesetzt: Kinderpornografie und sexueller Missbrauch, der Handel mit illegalen Waren und Dienstleistungen sowie Cyberkriminalität, wozu das Hacken fremder Rechner zählt. An Arbeit mangelt es ihnen nicht, erschwert wird sie aber durch die faktische Umkehrung des Persönlichkeitsrechts. Die dezentral organisierte Technologie des Darknets anonymisiert die Nutzerinnen und Nutzer so gut, dass eine Strafverfolgung nur schwer möglich ist. Mit konzentrierter Arbeit gelingen den Beamten und Beamtinnen immer wieder Erfolge, angemessen ausgestattet sind sie allerdings nicht. Zudem stoßen sie bei ihrer Arbeit an rechtliche Grenzen. Um Täterinnen und Täter zu überführen, müssen sie in der Regel als verdeckte Ermittlerinnen und Ermittler auftreten und versuchen, Drogen, Waffen und Kinderpornos zu kaufen. Illegale Waren oder Dienstleistungen selbst anbieten, um ihre Tarnung glaubwürdiger zu machen, dürfen sie nicht. Kriminelle mit Erfahrung nutzen das und treffen Sicherheitsvorkehrungen. Dass die Ermittlerinnen und Ermittler den Entwicklungen im Darknet immer ein wenig hinterherlaufen, liegt in der Natur des anonymen Netzes. Und angesichts der schützenden Wirkung, die es für Aktivisten in staatsautoritären Ländern hat, wäre es auch nicht wünschenswert, mehr Licht ins Dunkel der dezentralen Strukturen zu bringen – was technisch ohnehin nahezu ausgeschlossen ist. Trotzdem muss die Schwerpunkt-Staatsanwaltschaft verstärkt werden, um Hinweisen nachgehen und Ermittlungen durchführen zu können. Außerdem muss sichergestellt werden, dass die Beamtinnen und Beamten die zur Verfügung stehenden strafrechtlichen Werkzeuge effektiv nutzen können, was bisher nicht gewährleistet ist.

Vor 50 Jahren wäre man davon ausgegangen, dass derartige Anonymitätsprobleme nicht aufkommen können. Damals, Ende der 1960er-Jahre, entstand die Idee, anhand der Daten von allen Bürgerinnen und Bürgern umfassende Profile zu erstellen. Nicht, um Einfluss auf die Lebensführung einzelner Menschen zu nehmen, so das Argument, sondern um eine »objektive« und damit vollkommen »gerechte« Rechtsprechung zu ermöglichen. Daten und Fakten wurden als neutral eingestuft, als wertfrei und unvoreingenommen. Die hessische Verwaltung ging so weit, alle Menschen mit einer Nummer zu kategorisieren und persönliche Informationen zentral sammeln zu wollen. Es kam anders. Kritiker wiesen auf das manipulative Potenzial der aggregierten Daten und die Auswirkungen für die Gesellschaft hin – Hessen bekam daraufhin das weltweit erste Datenschutzgesetz. An der Dringlichkeit dieser Idee hat sich bis heute nichts geändert.

5. Kapitel
Die Plattformökonomie – groß, größer, zu groß

»Give people the power.« Diese vier Worte hat Mark Zuckerberg verinnerlicht, sagt er. Sie haben ihn ins Tech-Business gezogen. Schon vor der Gründung von Facebook glaubte er an diese Vision: dass jeder Mensch nicht mehr länger nur der Empfänger von Botschaften sein müsse, wie beim Lesen einer Tageszeitung oder dem Betrachten der TV-Nachrichten, sondern dass es die vernetzte Technologie des Internets möglich mache, jedem eine Stimme zu geben. Jeder Mensch sollte mithilfe seines Computers schreiben, sprechen und senden können – an alle anderen Internetnutzer und -nutzerinnen weltweit. Das, so dachte er, würde die Balance verschieben: weg von den Eliten in Politik, Wirtschaft und Medien und hin zu jedem Bürger, jeder Bürgerin. Dezentrale Strukturen statt zentral organisierter Macht.

Im Jahr 2018 muss man feststellen, dass ein Teil der Vision Realität geworden ist. Jeder Mensch mit Internetzugang kann sich tatsächlich auf vielfältige Weise zu Wort melden. Nicht immer ungefiltert und unzensiert, das »Sozialkreditsystem« habe ich bereits im Kapitel »Meine Daten gehören mir – wie wir die Rechte der Bürgerinnen und Bürger schützen« angesprochen. Aber das Mehr an Meinungen, Ideen, Thesen, Ansichten und Erkenntnissen ist bahnbrechend. Die Menschheit kommuniziert so viel miteinander wie wahrscheinlich noch nie zuvor.

Ökonomisch betrachtet ist Zuckerbergs Vorhersage dagegen nicht eingetreten. Im Internet existiert keine finanzielle Gewaltenteilung. Einige wenige sogenannte Plattformunternehmen beherrschen den Markt.

Was sind Plattformunternehmen?

Diese Unternehmen haben ihren Namen daher, dass sie eine Basis, eine Plattform bereitstellen, auf der sich Anbieter von Produkten und Services sowie Kundinnen und Kunden und sonstige Partner vernetzen, austauschen und/oder miteinander ins Geschäft kommen können. Die Plattformunternehmen vermitteln zwischen den Akteuren und erzielen Umsätze und Gewinne aus Gebühren oder dem Verkauf und der Nutzung anfallender Daten.

Schon vor Beginn der Digitalisierung gab es Plattformunternehmen. Der Betreiber eines Einkaufszentrums zum Beispiel bietet eine physische Plattform, auf der sich Anbieter, nämlich die Einzelhändler, und Kunden treffen. Ein Shop-in-Shop-Kaufhaus ist ebenfalls eine solche Plattform. Jeder, der einen Markt einer zumindest gewissen Größe betreibt und als Vermittler zwischen Anbietern und Kunden tätig ist, befindet sich im Plattformgeschäft. Neu ist der Typus des digitalen Plattformunternehmens. Diesen Typus meine ich, wenn ich hier, etwas verkürzt, von Plattformunternehmen spreche. Das Geschäft dieser Plattformunternehmen setzt voraus, dass digitale Daten ausgetauscht werden. Es benötigt als technologische Grundlage eine digitale Infrastruktur wie zum Beispiel im World Wide Web. Hierfür sind unter anderem Server sowie Kabel- und/oder Mobilfunknetze erforderlich. Das Plattformunternehmen nutzt diese Infrastruktur, es muss sie aber nicht besitzen. Der von ihm eingerichtete Markt beruht auf Software, der programmierten Verknüpfung von Daten. Der Wert eines Plattformunternehmens liegt nicht in physischen Assets, sondern in der Größe seines Marktes, der Zahl und Art seiner Kunden und der Daten, die bei der Nutzung der Plattform anfallen.

Plattformunternehmen wie Apple, Alphabet, Microsoft, Amazon, Tencent, Facebook, Alibaba und Baidu sind maßgebliche Treiber und Profiteure der Digitalisierung: Ihre Umsätze, Gewinne und Zahlen der Beschäftigten übersteigen nicht nur die von führenden Dax-Konzernen um ein Vielfaches, sie dominieren inzwischen auch die Liste der weltweit wertvollsten Unternehmen. Wie konnte es passieren, dass die Plattformbetreiber so mächtig wurden?

Angefangen hat alles in den 1990er-Jahren mit der massenhaften Verbreitung des Internets und dem Entstehen der digitalen Ökonomie. Dort wird die Wertschöpfung zunehmend durch Services erzeugt und nicht mehr durch Produkte. Letztere werden austauschbar, werden Commodity. Das gilt zum Beispiel für Datenleitungen, aber auch für Taxis oder Hotels. Diese Dinge sind nur noch die notwendige Basis für neue digitale Services etwa von Vermittlungsdiensten für die Beförderung (wie mytaxi oder Uber) oder Unterkunft (wie Airbnb oder Booking.com). Durch die Trennung von Produkt und Service schaffen es neue digitale Unternehmen, in traditionelle Wertschöpfungsketten vorzudringen und traditionelle Industrien disruptiv zu verändern. Einige Unternehmerinnen und Unternehmer vor allem im Silicon Valley erkannten früh, dass darin ein großes Potenzial liegt. Es gibt einige Wettbewerbsvorteile, die neue plattformorientierte Geschäftsmodelle gegenüber traditionellen Geschäftsmodellen haben. Sie sind der Grund dafür, dass viele Konzerne und Start-ups, aber auch zunehmend mittelständische Unternehmen konsequent daran arbeiten, ihre neuen Geschäftsmodelle nach diesen Prinzipien auszurichten.

Die Strategie der Plattformkonzerne

Der erste Vorteil der Plattformunternehmen ist die Skalierung. Die Zimmer- und Wohnungsvermittlung Airbnb zeigt anschaulich, wie das geht. Musste man vor der Gründung des Unternehmens Kleinanzeigen in Zeitungen studieren oder Freunde, Freundinnen und Bekannte fragen, um eine günstige private Unterkunft in einer anderen Stadt zu finden, so gibt es dafür jetzt eine Anlaufstelle. Mithilfe vieler Daten gleicht sie die Wünsche eines Nachfragers mit den Vakanzen aller Anbieter ab, ganz egal ob er oder sie in Wanne-Eickel im Ruhrgebiet, im ecuadorianischen Quito oder in Dunedin City in Neuseeland lebt, und spuckt passende Kombinationen aus. Werden sich beide Partner einig, kommt ein Geschäft zustande, das so vorher kaum möglich war. Es ist eins, das herkömmliche Anbieter stark unter Druck setzt. Denn während Hotels, Hotelketten oder familiengeführte Pensionen erst kräftig investieren, bauen und neue Standorte eröffnen müssen, um zu expandieren, reicht es bei Airbnb, ein paar zusätzliche Server zu kaufen und anzuschließen, einen nutzerzentrierten Vermittlungsprozess aufzusetzen sowie eine App zu entwickeln, deren Bedienung kinderleicht ist. Den Rest erledigen die Nutzerinnen und Nutzer. Sie sorgen für das eigentliche Angebot. So kann die Plattform wachsen, ohne ihre Fixkosten zu erhöhen. Das ist mit »Skalierung« gemeint.

Der zweite Vorteil liegt im Lock-in-Effekt, also dem Versuch, die Kundinnen und Kunden so zu binden, dass sie keinen anderen Anbieter mehr wählen können oder müssen. Die Idee: Je mehr Leistungen ein Unternehmen auf seiner Plattform anbietet, desto weniger Gründe haben Nutzer und Nutzerinnen, die Seite zu wechseln. Und je mehr ein technischer Standard andere Anbieter ausschließt, umso größer ist die Bindung des Kunden oder der Kundin an diesen Standard. Die Kundinnen und Kunden sollen »eingeschlossen«, also abhängig gemacht werden von einer Plattform. Das passiert online, etwa bei Google, das neben der Suchmaschine auch Text- und Tabellenverarbeitungen, Speicherplatz, Browser und Mail-Service anbietet. Diese in sich geschlossene, nicht mit anderen Plattformen kompatible Service-Welt dringt zunehmend auch in andere Lebensbereiche vor und wird auf digitale Endgeräte ausgeweitet – Google zum Beispiel verkauft einen sogenannten Sprachassistenten mit dem dazugehörigen Google-Betriebssystem (Android), nach dem Vorbild von Amazons Gerät Echo. Wer Apple-Anhänger ist, kennt das ebenfalls: Mac-Book, iPhone, iPad, AppleWatch, iCloud, iOS, iTunes und so weiter – sie bilden eine Einheit, die eins zum Ziel hat: Die Nutzerinnen und Nutzer sollen umfassend bedient und unterhalten werden und nicht auf die Idee kommen abzuwandern. Im Hintergrund analysieren die Plattformprovider die Transaktions- und Kommunikationsbeziehungen ihrer Kundinnen und Kunden, legen Profile von Nutzerinnen und Nutzern an und beginnen so nach und nach zu verstehen, wie sich welcher Kunde, welche Kundin verhält.

Die Plattformen gewinnen durch diese engen Beziehungen – dritter Vorteil – eine bisher nicht gekannte Datenhoheit, also die vollständige Herrschaft über den Zugriff, die Verfügbarkeit und die Verwertung der Daten, welche durch die Benutzung der Plattform anfallen. Sie ermöglicht es den Unternehmen, ihren Service vom Produkt zu entkoppeln. Bei Airbnb wurde das schon deutlich – das Unternehmen besitzt keine einzige Immobilie und ist trotzdem der größte Zimmer- und Wohnungsvermittler der Welt. Dass Plattformen eine solche Datenhoheit haben, dass sie über einen solchen Schatz an Daten verfügen können, gibt ihnen eine besondere Macht und ist die Grundlage dafür, dass sie ganze Branchen auf den Kopf stellen können. Die Verknüpfung der Daten zum Zwecke der Auswertung, etwa durch Werbeeinnahmen oder die Entwicklung eines auf diesen Daten beruhenden besonderen Service, verschafft den Plattformunternehmen Wettbewerbsvorteile. Je größer der Datenschatz und je exklusiver er ist, desto besser für das Plattformunternehmen.

Viertens: Sind der Service und die Marke etabliert, standardisieren Plattformen ihre Software-Schnittstellen, Application Programming Interface (API) genannt, um sich für Partner zu öffnen und eine Zusammenarbeit nach dem immer gleichen Muster abzuwickeln. Ziel ist es, den Standard in der Industrie zu setzen und dadurch Wettbewerbsvorteile zu erlangen sowie Abhängigkeiten zu schaffen – kurz: die Spielregeln zu bestimmen. Entwickler und andere Unternehmen, die auf der Plattform ihre Services anbieten wollen, müssen diese Spielregeln befolgen. Oder sie sind nicht dabei. Ein Beispiel sind die Google APIs, mit denen Google es Drittanbietern ermöglicht, zum Beispiel Google Maps auf deren Seiten einzubinden. Google darf dann dort Werbung platzieren und die anfallenden Daten auswerten. So streben Plattformunternehmen an, in weitere Lebensbereiche vorzudringen und den Lock-in-Effekt zu verstärken. Was ihnen – fünftens – auch durch »Co-Creation« gelingt. Damit ist gemeint, dass Drittanbieter ihre Leistungen zusammen mit dem Plattformbetreiber entwickeln. Anbieter und Plattformen »kreieren« ein gemeinsames Angebot. Über die Plattformen erfolgt dann der Vertrieb. Wer schon mal bei Amazon bestellt hat, kennt das: Neben der Neuware, die aus dem Amazon-Lager stammt, verkaufen kleinere Händler gebrauchte Bücher oder CDs. Amazon holt sich damit potenzielle Konkurrenz ins eigene Haus, kassiert von den Partnern eine Servicegebühr und stärkt seine Marktposition. Die neuen Partner sind kaum noch als eigenständige Unternehmen erkennbar. Das Gleiche erreicht Apple mit seinem App-Store. Der Konzern stellt die Reichweite seiner Plattform zur Verfügung – und kleinere Firmen und Selbstständige füttern sie mit ihren Programmen in der Hoffnung, mithilfe von Apple ein Stück vom globalen App-Kuchen abzubekommen. Oder Airbnb: Sobald eine kritische Größe von zahlenden Kundinnen und Kunden erreicht ist, zieht die Plattform neue Anbieter von Wohnungen und Zimmern an, woraufhin noch mehr Kunden und Kundinnen auf die Seite kommen. Letzten Endes leben auch Social-Media-Plattformen wie Instagram, Facebook oder Twitter nur von den Inhalten, die ihre Nutzer, die Kunden, bereitstellen. Die Kunden schaffen so gemeinsam mit den Plattformen das Angebot. Co-Creation ist ein smarter Weg, Entwicklungskosten zu sparen.

The Winner takes it all

Den Plattformprovidern geht es um eine Wachstumsspirale. Sie muss mit aller Macht in Gang gesetzt werden, denn der Schnellste in dem Wettrennen bestimmt die Regeln, nach denen alle anderen spielen müssen. Gelingt das, nehmen Plattformen nicht mehr am Markt teil, sondern werden selbst zunehmend zum Markt. Es bilden sich Monopol- und Oligopolstrukturen.

Daraus ist eine enorme Unwucht entstanden: Schätzungen zufolge verbucht Amazon 40 Prozent des US-Online-Shoppingmarkts allein für sich. Googles Marktanteil an den weltweiten Suchanfragen liegt bei über 90 Prozent, auch in Deutschland, und zusammen mit Facebook (das – Stand Februar 2018 – weltweit mehr als zwei Milliarden aktive Nutzerinnen und Nutzer hat) herrscht das Unternehmen über zwei Drittel des gesamten amerikanischen Online-Werbemarkts.

Dass das Versprechen Mark Zuckerbergs, »den Menschen« durch das Internet wieder »mehr Macht« zu geben, angesichts dieser Zahlen gebrochen worden ist, gibt der Facebook-Gründer inzwischen selbst zu. Anfang Januar 2018 schrieb er in einer Art Neujahrsbotschaft an seine Follower: »Durch den Aufstieg einiger weniger Tech-Unternehmen (...) glauben viele Menschen, dass Technologie nur zu einer Zentralisierung führt und nicht zu einer Dezentralisierung.« Er kündigte an, dass er die Fehler seines sozialen Netzwerks – Hetze, Hass, Missbrauch und Unterwanderung durch russische Propaganda während des US-Wahlkampfs – in diesem Jahr beheben und sich mit Themen wie der Verschlüsselung von Kommunikation beschäftigen will. Hält er Wort, wäre das ein Schritt in die richtige Richtung.

Es gibt noch mehr zu tun. In unserem Grundgesetz ist in Artikel 14 Absatz 2 festgelegt, dass Eigentum verpflichtet. Sein Gebrauch soll, so heißt es dort, »zugleich dem Wohle der Allgemeinheit dienen«. In den vergangenen 20 Jahren ist dieser Satz vielfach missachtet worden. Markt-radikale in Politik und Wirtschaft sorgten dafür, dass die Gemeinwohl-orientierung hinter das individuelle Streben nach Gewinn und Reichtum zurücktrat. Besonders deutlich zeigte sich das während der Finanz- und Wirtschaftskrise, die im Herbst 2008 durch die Insolvenz der Bank Lehman Brothers Holding Inc. ausgelöst wurde. In der Plattformökonomie setzt sich diese Haltung fort.

Gewiss gibt es auch Plattformen, die keine Gewinnmaximierung an-streben, man denke zum Beispiel an Crowdfundingseiten, über die kleine Initiativen, Nichtregierungsorganisationen oder Start-ups Unterstützer für sich begeistern und Kapital einwerben können, das ihnen ihre Haus-bank verweigert. Oder Spendenportale, die Gebende mit Bedürftigen in aller Welt verknüpfen und dabei helfen, dass ihnen das Leben ein wenig leichter fällt oder sie sich eine Existenz aufbauen können. Wikipedia ist eine der großartigsten Möglichkeiten für freie Bildung und Zugang zu Informationen. Bewundernswert war auch, wie viele Deutsche im Herbst 2015 Facebook, WhatsApp, Instagram und andere Dienste nutzten, um ihre spontane Hilfe zu organisieren, und unserer Willkommenskultur ein neues Gesicht gaben; es ist ein Engagement, das bis heute anhält, vielfach aber nicht mehr so deutlich sichtbar ist. Nicht zu vergessen die milliardenschweren Programme, in denen die Plattformunternehmen Datenanalytiker mit Medizinern und Bioinformatikern zusammenbrin-gen, um die Menschheit von einigen Krankheiten zu befreien: Microsoft trainiert eine künstliche Intelligenz, damit diese wissenschaftliche Texte so liest und versteht, dass sie die Thesen miteinander verknüpfen und letztlich neue Erkenntnisse generieren kann; in Facebooks Forschungs-zentrum arbeiten Wissenschaftler und Wissenschaftlerinnen daran, sämt-liche Zellen zu kartografieren; Google will mit Algorithmen auf Fotos Hautkrebs erkennen.

Marktradikale Ideologie führt zu Monopolen

Die Initiativen können allerdings nicht verdecken, dass gerade die großen Plattformen mit ihren Kerngeschäften auf dem Weg sind, Monopole oder Oligopole zu errichten, oder dass sie diese schon erzielt haben. Die Plattformökonomie bietet dafür besonders gute Bedingungen – bei Suchmaschinen zum Beispiel. Das ist bemerkenswert, denn es ist sehr leicht, die Suchmaschine zu wechseln und Alternativen zu nutzen, die sogar zusichern, die Anonymität der Nutzer und Nutzerinnen zu wahren und keine Daten zu sammeln. Trotzdem haben wir in Google schon seit längerem einen marktbeherrschenden Akteur. In einer sozialen Marktwirtschaft darf man eine solche Entwicklung nicht laufen lassen. Der Wettbewerb muss funktionieren.

An dem Unternehmen wird eine Hürde einer möglichen Regulierung deutlich. So ziehen Monopole in der Regel Nachteile für die Verbraucherinnen und Verbraucher nach sich, etwa steigende Preise. Davon kann bei Google keine Rede sein – aber nur auf den ersten Blick. Das Unternehmen verlangt zwar nach wie vor kein Geld für seine am häufigsten genutzte Dienstleistung, die Bereitstellung von Suchergebnissen. Allerdings steigt der Wert der Daten, mit dem die Kunden und Kundinnen für die Benutzung der Suchmaschine zahlen, mit jedem weiteren Aufruf. Für die Nutzung seiner Cloud-Services verlangt Google Geld, und vor allem Werbekunden zahlen kräftig. Die EU-Kommission sah es als erwiesen an, dass Google seine Marktmacht bei der Produktanzeige in seiner Shopping-Suche missbraucht hat. Sie verhängte daher im Sommer 2017 eine Strafe von 2,5 Milliarden Euro gegen den Konzern.

Der Preisaspekt beleuchtet noch eine weitere Facette der Plattformunternehmen, ja der gesamten digitalen Start-up-Ökonomie. Denn das Ziel, einen Gewinn zu erreichen – zum Beispiel über Preise –, steht in der digitalen Ökonomie anfangs selten im Vordergrund. Anders als herkömmliche Unternehmen, die schnell schwarze Zahlen schreiben müssen, um überleben zu können, zielen Plattformunternehmen zunächst fast ausschließlich aufs Wachstum bei den Nutzerzahlen ab, das sie mit dem Geld ihrer Risikokapitalgeber finanzieren (Tesla ist ein gutes Beispiel hierfür). Kommen sie durch, bitten sie ihre Kundinnen und Kunden irgendwann später zur Kasse. Gehen sie pleite, wird das Investment abgeschrieben und ein neues Projekt gestartet. Bei Airbnb hat es 2017 erstmals mit einem Gewinn geklappt – neun Jahre nach der Gründung. Bewertet wurde es von Investoren und Investorinnen bei der letzten Finanzierungsrunde trotzdem mit 30 Milliarden US-Dollar.

Worin also liegt der Nachteil eines Monopols für die Nutzerinnen und Nutzer? Von den Preisen abgesehen, besteht er bei Google unter anderem in der fehlenden Transparenz. Zugang zu Informationen zu bekommen und zu verstehen, woher welche Daten, Fakten, Meinungen stammen, gehört zu den größten Errungenschaften des Internets. Suchmaschinen sortieren diese Informationen, das ist ihre Aufgabe. Google aber filtert dermaßen stark nach eigenen Kriterien, dass für den Nutzer oder die Nutzerin nicht mehr erkennbar ist, warum ein Link oder die Anzeige eines werbetreibenden Unternehmens – das seine Inhalte zusätzlich noch so optimiert, dass Suchmaschinen sie leichter finden und verarbeiten können – unter den ersten zehn Treffern erscheint und warum ein anderes auf den hinteren Seiten gelandet ist. Welche Kriterien den gesteuerten Suchergebnissen zugrunde liegen, ist nicht bekannt. Die Kenntnis darüber ist allerdings wichtig bei einem Unternehmen, das mit seiner Marktmacht und den angezeigten Suchergebnissen Meinungen und Kaufentscheidungen beeinflussen und lenken kann.

Plattformen müssen Konkurrenz Zugang ermöglichen

Sollte Google deshalb zerschlagen werden, wie es manche Kritiker empfehlen? Ich bin aus zwei Gründen skeptisch. Erstens würde eine Aufsplittung der verschiedenen Geschäftseinheiten strukturell nichts ändern, denn die Skalen- und Netzwerkeffekte blieben erhalten. Daraus können neue Monopolisten erwachsen, und womöglich würden wir ein paar Jahre später wieder an demselben Punkt stehen wie heute. Zweitens darf es nicht darum gehen, Dienstleistungen, die für die Nutzerinnen und Nutzer wertvoll sind, einzuschränken oder abzuschalten. Auf viele Apps und Programme möchten sie nicht mehr verzichten – diese funktionieren aber nur, wenn die Konzerne im Gegenzug die Daten der Menschen verwenden können, was man für die Einschränkung eines Monopols gegebenenfalls untersagen oder begrenzen müsste.

Sinnvoller könnte es sein, die Plattformkonzerne zu einer Öffnung ihrer Daten, Algorithmen, Indices, Quellcodes und Betriebssysteme zu zwingen, um diese anderen Unternehmen zur Verfügung zu stellen. Ähnlich wie beim deutschen Schienennetz, das es nur einmal gibt und deswegen nicht allein von dem größten Unternehmen, der Deutschen Bahn, befahren werden darf, sollten die digitalen Marktplätze kleineren und konkurrierenden Unternehmen und Start-ups den Zugang ermöglichen, damit sie auf dieser Basis eigene Geschäftsmodelle entwickeln und Angebote machen können – und zwar ohne dass jetzige Plattformkonzerne die Konditionen und die Form der Nutzung bestimmen, wie Amazon das momentan mit seinen »Partnern« regelt. Marktbeherrschende Unternehmen müssen diskriminierungsfreie Zugänge für andere Marktteilnehmer ermöglichen, ähnlich wie es die Deutsche Telekom bei ihrem Festnetz auch machen muss.

Ohnehin gilt es, anhand der Plattformökonomie zu prüfen, wie zeitgemäß unser Kartellrecht noch ist. Lassen sich mit den bisherigen Kriterien auch datengetriebene Geschäftsmodelle von Unternehmen erfassen und einordnen? Es spricht vieles dafür, dass wir neue Bewertungsmaßstäbe benötigen und das Kartellrecht modernisieren müssen. Im Koalitionsvertrag zwischen CDU, CSU und SPD von 2018 haben wir deshalb festgelegt, uns dieser Aufgabe anzunehmen. Zeit haben wir dafür nur wenig: Sieht man sich die Entwicklungen von Google, Facebook und Amazon an, so arbeiten die Konzerne – neben den Akteuren in China – an einer Art »Trinet« für den westlichen Markt, einem von ihnen kontrollierten Internet, in dem sie sämtliche relevanten Zukunftsfelder unter sich aufteilen: Google setzt darin vor allem auf die Suche mithilfe von künstlicher Intelligenz (»Artificial Intelligence«), Facebook deckt – inklusive der Zukäufe WhatsApp und Instagram – das Feld der sozialen Netzwerke ab, Amazon weitet sein Handelsgeschäft und das Cloud-Computing aus. Die Dienstleistungen werden zunehmend über Apps und Sprachassistenten abgewickelt, welche zum System eines der großen Player gehören. Es wird für Nutzerinnen und Nutzer sowie andere Anbieter immer schwerer, sich aus dem Gravitationsfeld der Massegiganten Google, Amazon und Facebook herauszubewegen. In diesem Szenario spielt das klassische, über Browser zugängliche World Wide Web eine immer geringere Rolle. Was nicht im Rahmen des Angebots von Google, Amazon oder Facebook erscheint, wird dann marginalisiert, es wird für die normale Nutzerin, den normalen Nutzer nicht mehr auffindbar sein.

Plattformprovider fordern die Politik zur Machtprobe heraus

Die Frage nach Monopolen und Oligopolen ist nicht nur aus wirtschaftlichen Gründen aktuell. In der 2008 ausgelösten Finanzkrise haben die schiere Größe und Systemrelevanz von Banken demokratische Staaten ökonomisch, politisch und sozial an ihre Grenzen gebracht. Es ging um nichts weniger als die Entscheidung, wer in unseren Gesellschaften die Zukunft bestimmt: die Bankentürme in New York, London und Frankfurt? Oder die Parlamente in Washington, Straßburg und Berlin? Die Macht der Plattformprovider stellt uns wieder auf die Probe, dieses Mal aber noch drastischer, denn auf dem Spiel stehen auch die Transparenz und die Beeinflussung von Meinungs- und Willensbildung. Allein die Russlandaffäre rund um die Präsidentschaftswahl in den USA weist darauf hin, wie drängend es ist, Lösungen zu finden.

Digitale Plattformen spielen eine massive Rolle für die Meinungsbildung und den politischen Diskurs. Leider ist ihre Wirkung hier oft auch schädlich: Sie erleichtern Übertreibungen, die Manipulation von Meinungen und das Ausblenden anderer Ansichten. Dabei unterliegen sie keiner nennenswerten demokratischen Kontrolle. Für eine Demokratie ist es aber ganz entscheidend, dass die Bürgerinnen und Bürger verlässlich und objektiv über wesentliche Themen und Ereignisse informiert werden, um souverän, verantwortungsvoll und in ihrem tatsächlichen Interesse über ihre Belange entscheiden zu können. Dafür benötigen wir seriöse Medien und verlässliche Informationsanbieter. Bei aller im Einzelfall berechtigten Kritik an den etablierten Medien, speziell den öffentlich-rechtlichen, leisten sie hier im Großen und Ganzen nach wie vor eine gute Arbeit. Dies wird jedoch von Marktradikalen und Populisten eigennützig bestritten. In europäischen Ländern wie Österreich oder der Schweiz ist die Kritik an den öffentlich-rechtlichen Medien schon lauter als in Deutschland, in der Schweiz wurde Anfang März 2018 gar über die Abschaffung des öffentlich-rechtlichen Fernsehens abgestimmt (eine klare Mehrheit sprach sich dagegen aus). Die Abschaffung der öffentlich-rechtlichen Medien ist ein marktradikal-libertäres Wunschszenario und ein Albtraum für Demokraten. Aus diesem Grund ist es wichtig, dass wir die vielfältige Medienlandschaft in Deutschland schützen – hierzu gehört auch der Erhalt des öffentlich-rechtlichen Rundfunks. Und es ist wichtig, dass wir die schädliche Wirkung, die Plattformen entfalten können, eindämmen. Das Netzwerkdurchsetzungsgesetz ist ein guter Schritt in diese Richtung. Ich komme im Kapitel »Der digitale Staat – mehr Effizienz und bessere Services« darauf zurück.

Von einer wirtschaftlich tragfähigen, nicht ideologiegetriebenen Regulierung der Plattformunternehmen hängt ab, ob wir unser selbstbestimmtes Leben und Handeln langfristig sichern. Nationalstaaten überfordert diese Aufgabe sichtlich, deshalb kann das Problem nur in internationaler Zusammenarbeit gelöst werden. Eine wichtige Zwischenebene ist die Europäische Union – sie muss den Weg zu einem europäischen Kartellrecht für die digitale Ökonomie ebnen.

Warum wir die europäische Digitalwirtschaft fördern sollten

Dass wir Europäerinnen und Europäer bislang wenig Expertise und Erfahrung in der digitalen Ökonomie haben, liegt auch an unserer Rückständigkeit hinsichtlich des Plattformmodells. Zwar haben sich auch in Europa eine Reihe Plattformen gebildet, auf denen verliehen, vermietet, geliefert und getauscht wird sowie Waren verschickt werden. Für Wohnungen gibt es 9flats, für Haushaltswaren Leihdirwas und Peerby, für Kleidung Kleiderkreisel und Vinted, für private Autos und Fahrgelegenheiten Drivy, Snappcar und BlaBlaCar. Doch sie sind ungleich kleiner als ihre amerikanischen oder chinesischen Pendants. Betrachtet man allein die 2017 entstandenen 57 »Unicorns« (»Einhörner«), also Unternehmen, die noch vor einem möglichen Börsengang oder Exit mit mindestens einer Milliarde US-Dollar bewertet werden, so zeigt die geografische Verteilung der Firmen die Dominanz einiger weniger Länder: Es gibt europäische Unicorns, aber es sind nur vier. Der Rest stammt überwiegend aus China und vor allem aus den USA. Europa spielt in der Plattformökonomie keine Rolle.

Es gehört zu den großen Versäumnissen der europäischen Forschungs- und Technologiepolitik, die Potenziale dieses entstehenden Modells nicht rechtzeitig erkannt und die Wirtschaft in den Mitgliedsstaaten nicht entsprechend gefördert zu haben. Der Flugzeughersteller Airbus zählt zu den Paradebeispielen der länderübergreifenden Industriepolitik – doch häufig tut sich Europa schwer damit, gemeinsam innovative und global einflussreiche Technologien hervorzubringen. Deutlich wurde das, als es darum ging, ein eigenes Satellitennavigationssystem aufzubauen. Galileo, so der Name, soll eine eigenständige Alternative zu den konkurrierenden Systemen aus Amerika (GPS), Russland (Glonass) und China (Beidou) sein. Nach jahrelangen Startproblemen konnten 2015 erste Satelliten ins All geschickt werden, um Autos, Schiffe, Flugzeuge und womöglich einmal auch autonom fahrende Güterzüge zu leiten. Eine vergleichbare europäische Industriepolitik benötigen wir auch mit Blick auf die digitale Ökonomie. Es muss uns darum gehen, dass wir unseren Datenschutz und unsere Technologiepolitik auf hohem Niveau so miteinander harmonisieren, dass sich in Europa Plattformen und Innovationen entwickeln können, die den Verbrauchern den gleichen Nutzen mit mehr Sicherheit garantieren können. Das wäre ein echter europäischer Wettbewerbsvorteil.

Dass in Deutschland und Europa viel mehr eigene Plattformen gegründet und groß gemacht werden, liegt im Interesse des Gemeinwohls. Stünden uns als Verbraucherinnen und Verbrauchern auch künftig überwiegend nur Angebote aus den USA und China zur Verfügung, würde nicht nur viel Geld in diese Länder abfließen. Das würde nicht dazu beitragen, die deutsche und europäische Wirtschaft zu stärken und Arbeitsplätze zu sichern. Zudem verlören wir an Einfluss. Deutsche und europäische Politiker und Politikerinnen, Unternehmerinnen und Unternehmer, Arbeitnehmer und Arbeitnehmerinnen, Gewerkschafterinnen und Gewerkschafter und Verbände hätten in dem Fall immer weniger Chancen, die Spielregeln der digitalen Ökonomie für die Firmen und die Angestellten mitzubestimmen. Wir müssten dann noch stärker die Vorgaben schlucken, die die Firmen in Übersee oder Fernost machen. Dazu sollten wir es nicht kommen lassen.

Wie der deutsche Mittelstand sein Geschäft digitalisiert

Angesichts des immensen Vorsprungs der US-Pioniere und der chinesischen Firmen, der schätzungsweise 10 bis 15 Jahre beträgt, sowie der Skalen- und Netzwerkeffekte wird die Aufholjagd für die deutsche und europäische Wirtschaft finanziell aufwendig und schwierig. Die meisten Unternehmen beginnen gerade erst, die Mechanismen der digitalen Ökonomie zu verstehen. Zu spät ist es dafür aber nicht, und in den vergangenen Jahren haben auch erste Mittelständler und Familienunternehmen sowie Start-ups begonnen, ihre Geschäftsmodelle als Plattform auszubilden. Marktbeobachter sagen, dass ein regelrechtes Wettrennen um die verbliebenen Sektoren entbrannt ist. Weil sich die Großen zunächst Felder mit geringeren Einstiegsbarrieren ausgesucht haben, wozu vor allem das Endkundengeschäft zählt, gibt es noch Nischen im »Business-to-Business«-Bereich (B2B). Das ist eine Chance für deutsche Mittelständler, die mit ihren ingenieursbezogenen Produkten zum Teil Weltmarktführer sind. Ihre langjährigen Erfahrungen, auch dank vergangener Transformationen, sind ideal, um digitale Strategien zu entwickeln. Ohne Konkurrenz sind sie aber – natürlich – auch nicht mehr. Unternehmen wie Buderus und Viessmann nehmen die neuen Wettbewerber, die digitale Konkurrenz (wie zum Beispiel Google Nest), sehr ernst – die ursprünglich gar keine war, inzwischen aber auch Mess- und Regeltechnikfirmen aufkauft. Solche Felder will der deutsche Mittelstand selbst nutzbar machen, nicht nur in Deutschland. Damit das gelingt, muss die Politik die richtigen Rahmen setzen und die allgemeine und berufliche Bildung sowie Fort- und Weiterbildung transformieren, wie ich es im Kapitel »Ein modernes Bildungssystem – Blick über den Tellerrand und Mut zur Lücke« beschrieben habe. Das ist der eigentliche Kern der Herausforderung. Hier entscheidet sich, ob wir Menschen fit für die Veränderungen in der Arbeitswelt machen und sie damit nicht allein lassen. Auf diese Weise wird der Arbeitsmarkt zukunftsfest gemacht.

Auch das Thema Datenschutz spielt für die Wirtschaft in Deutschland und Europa eine große Rolle. Wir müssen hierbei nicht nur die Kunden, sondern auch die Unternehmen im Blick haben. Denn der Datenschutz ist unsere letzte Firewall gegenüber den USA und China. Für den Schutz personenbezogener Daten ist das Europäische Datenschutzgesetz ein wichtiger Schritt. Politik muss aber noch mehr tun, um auch Betriebsgeheimnisse zu schützen. Der Staat sollte deshalb seine eigene Cyber Security verbessern und die Unternehmen bei ihren Anstrengungen zur Sicherung ihrer Daten nach Kräften unterstützen – vor allem kleine und mittelständische Unternehmen, die nicht die personellen und finanziellen Mittel haben, dies selbst zu tun. Selbstverständlich sind alle und insbesondere große Unternehmen weiterhin auch aufgefordert, ihrer eigenen Verantwortung zum Schutz der Daten gerecht zu werden. Generell gilt: Wir benötigen eine stärkere Kooperation zwischen Unternehmen und staatlichen Stellen im Bereich der Cyber Security.

Die Technologiezyklen spielen den Plattformen in die Hände

Erschwert wird die Aufholjagd der deutschen und europäischen Wirtschaft allerdings durch die zu erwartende technologische Entwicklung. Weil das Wachstum der Plattformunternehmen sehr eng mit ihr verknüpft ist und sich die Geschwindigkeit von Prozessoren und die Größe von Datenspeichern in immer kürzeren Zyklen verdoppeln, dürfte das vorgelegte Tempo von Google & Co. noch mal zunehmen. Für Nutzerinnen und Nutzer mag es zunächst nur von Vorteil sein, wenige große Portale im Netz zu haben, die mit allumfassenden Angeboten aufwarten können: Apps gibt es – je nach Betriebssystem – im App-Store oder Play-Store. Für Haushaltswaren, Heckenscheren und Handtaschen ist Amazon da. Sucht man eine Fahrgelegenheit, wendet man sich an mytaxi oder, in aller Regel im Ausland, an Uber. Und für Übernachtungen ist Airbnb zuständig. Die jeweiligen Dienstleistungen sind extrem nutzerfreundlich gestaltet. Der Haken ist der bereits beschriebene Lock-in-Effekt: Je tiefer man in die Welt eintaucht und je mehr man von den Vorteilen profitiert, desto schwieriger wird es, sie wieder zu verlassen. Wer Kunde oder Kundin von Spotify, Netflix oder einem anderen Streaming-Anbieter ist, einen monatlichen Betrag zahlt und sich mit viel Wissen und Liebe eine digitale Musik- und Videobibliothek aufbaut, kann zwar jederzeit und überall, wo kein Funkloch ist, unbegrenzt Musik hören oder Videos sehen und muss auch für Neuerscheinungen kein zusätzliches Geld ausgeben. Wer das Abo allerdings kündigt, verliert auf einen Schlag den Zugang zu sämtlichen Songs, Alben, Hörspielen, Spielfilmen und Podcasts. Unterm Strich ist man nicht mehr frei in seiner Entscheidung. Der Schritt, zu einem anderen Unternehmen zu wechseln, fällt schwerer – und man sieht sich womöglich genötigt, auch Konditionen des Betreibers zu akzeptieren, die man eigentlich nicht billigt.

Der Zugang zum Internet darf nicht behindert werden

Sorgen bereitet mir auch etwas anderes: die Netzneutralität. In den USA ist sie gekippt worden. Mitte Dezember 2017 hat die amerikanische Telekommunikationsaufsicht FCC entschieden, dass Daten nicht mehr alle gleich sind. Bisher galt der Grundsatz, dass Internetprovider kein Unternehmen bevorzugt behandeln dürfen, auch nicht gegen Geld. Jedes Start-up und jeder Blog einer Privatperson muss die Chance bekommen, ebenso schnell (oder langsam) ans Netz angebunden zu sein wie die Großen der Branche, unabhängig von der Art und der Relevanz der Inhalte. Die Dienstleister, die die Datenleitungen zur Verfügung stellen, haben sich neutral zu verhalten. Die FCC-Entscheidung hat nun den Weg dafür geebnet, dass man sich Sichtbarkeit in der Öffentlichkeit erkaufen kann. US-amerikanische Serviceprovider dürfen nun bestimmen, welche Leitungen sie drosseln oder gar blockieren und welche sie – wahrscheinlich gegen höhere Nutzungsentgelte – aufwerten. Diese Preise werden sehr wahrscheinlich an die Endverbraucher und -verbraucherinnen weitergereicht und führen dazu, dass die Nutzerinnen und Nutzer schlechter dastehen als zuvor: Die Machtstrukturen werden zusätzlich zementiert, und die Vielfalt, die ein Wesensmerkmal des Internets ist, wird eingeschränkt. Wer schon bekannt ist, dem wird gegeben. Wer sich die schnellen Leitungen nicht leisten kann, wird weiter abgehängt.

Auch in Deutschland hat es – etwa von der Telekom im Jahr 2015 – bereits Versuche gegeben, die Netzneutralität zu umgehen und besondere Tarife für eine von Kritikern als »Überholspur« bezeichnete Option einzuführen. Damals konnte der Telekom-Tarif mit der politischen Gewalt des Ordnungsrechts verhindert werden. Ich gehe aber davon aus, dass Telekommunikationsunternehmen auch weiter nach »kreativen« Lösungen und Lücken in dem regulierten Markt suchen werden, um mehr Geld zu verdienen. Diese Versuche kann man nicht per se unterbinden. Umso wichtiger ist es für die deutsche und europäische Politik, achtsam zu bleiben und die zum Teil absurden Begründungen für neue Tarife zu hinterfragen. Denn die Netzneutralität muss gewahrt bleiben. Wir dürfen dem Druck, der aus der Wirtschaft kommt und der durch die fatale Entscheidung der amerikanischen Telekommunikationsbehörde noch mal erhöht wurde, nicht nachgeben. Den Kampf für die Netzneutralität werden wir auch in Zukunft weiterführen müssen. Das ist gar nicht in erster Linie eine Frage der fairen Marktbedingungen, sondern vor allem auch eine Frage unserer Werte. Wenn wir bei der Übertragung von Daten im Netz Diskriminierung zulassen, geraten die Schwächeren schnell ins Hintertreffen. Dass wir dies verhindern sollten, dürfte allen klar sein, denen die gleichberechtigte Teilhabe aller am Zugang zum Netz und die Stärkung der Demokratie am Herzen liegt.

Höhere Auflagen für digitale Infrastrukturunternehmen

Zu der Wahrheit über die Netzneutralität gehört allerdings auch, dass die defensive Position der Politik und Aufsicht zum Teil selbst verschuldet ist. Wir begreifen Telekommunikation nicht mehr als herausgehobenes Gut, sondern als Dienstleistung, mit der Unternehmen Umsatz und Gewinne erzielen sollen. In Deutschland hat das mit der sogenannten »Postreform II« zu tun. 1995 entstanden als »Postnachfolgeunternehmen« die Deutsche Post AG, die Deutsche Telekom AG und die Deutsche Postbank AG, die das Geschäft der Deutschen Bundespost aufgeteilt nach Sparten als privatisierte Firmen weiterführen sollten. Die Hoffnung, dass die Zerschlagung und Umstrukturierung des ehemals staatseigenen Betriebs zu international wettbewerbsfähigen Unternehmen in dem weltweit liberalisierten Markt führen würden, hat sich weitgehend erfüllt. Zugleich rückte die damals neue Frage der Wirtschaftlichkeit von

Infrastrukturdienstleistungen in der Telekommunikation in den Vordergrund.

Die Folgen sind heute in weiten Teilen zu spüren. Vor allem auf dem Land reiht sich ein Funkloch an das nächste. Die Firmen sind ihrem Versorgungsauftrag nur unzureichend nachgekommen. Die Telekom argumentiert, dass 80 Prozent aller Bürgerinnen und Bürger erreicht werden. Tatsächlich aber konzentrieren sich die Leistungen auf die – finanziell lukrativeren – Ballungsräume. Darüber hinaus wird es deutlich dünner, die Versorgungsdichte nimmt zum Teil erheblich ab. Das muss behoben werden. Im Koalitionsvertrag, der zwischen SPD und CDU/CSU 2018 verhandelt wurde, ist der anstehende Ausbau der 5G-Netze und der Glasfaserleitungen flächendeckend und bis zum Jahr 2025 verabredet worden. Geplant ist, die an der Infrastruktur beteiligten Unternehmen zu verpflichten, als Kriterium nicht mehr allein die Zahl von versorgten Menschen nachzuweisen. Stattdessen muss die insgesamt abgedeckte Fläche eine sehr viel größere Rolle spielen. Es ist ein großer Erfolg, dass in den Verhandlungen für eine neue große Koalition in Berlin eine Versorgungsauflage bei den anstehenden Ausschreibungen für die 5G-Lizenzen ausdrücklich vereinbart wurde. Das ist eine Riesenchance und zugleich ein neues Steuerungsinstrument, weil man einem privaten Unternehmen eben eine entsprechende Versorgungsauflage macht. Diese muss zwingend kommen. Der Markt löst das Problem nicht.

Ich gehe noch weiter. Denkbar ist, Unternehmen, die im Besitz von Datenleitungen sind, stärker zu entflechten, als es die Postreform vor mehr als 20 Jahren vorsah. Telekommunikation ist mehr denn je Teil der Daseinsvorsorge. Sie gehört zu den Gütern und Leistungen, die maßgeblich über das menschliche Dasein, die Teilhabe und die Chancen zur persönlichen wie beruflichen Entfaltung entscheiden. Zu der Infrastruktur, die gemeinhin als grundlegend für das Funktionieren unserer Gesellschaft begriffen wird, zählen beispielsweise Krankenhäuser, Bildungs- und Kultureinrichtungen, aber auch die Bahn- und Stromnetze. Ähnlich wie diese sollten auch Datenleitungen, die Dienstleistungen der IT und Telekommunikation ermöglichen, in der öffentlichen Hand liegen. Zum Betrieb der Infrastruktur ließen sich zeitlich begrenzte Konzessionen vergeben, die nach beispielsweise 10 oder 20 Jahren neu ausgeschrieben werden müssten. Die Entwicklung neuer Services für Endkunden und deren Betrieb und/oder Verkauf auf Basis der Netze sollte an private Unternehmen übertragen werden. Mit so einem Modell, das sich auch in anderen Branchen wie zum Beispiel der Abfallentsorgung, dem öffentlichen Personennahverkehr, der Stadtreinigung, aber auch bei den gemeinnützigen Kindertagesstatten bewährt hat, würde man der Bedeutung des Zugangs zu bezahlbarer Telekommunikation für alle Menschen in Deutschland gerecht werden. Zugleich ermöglicht man wirtschaftlich tragfähige Modelle.

Ein optimistischer Ausblick auf die Ökonomie des 21. Jahrhunderts

Zu den notwendigen Maßnahmen gegen die schädlichen Auswirkungen der Plattformökonomie gehört auch eine deutlich striktere Regulierung der »Steuergestaltung« von Plattformunternehmen. Vorschläge dazu habe ich im Kapitel »Ein modernes Bildungssystem – Blick über den Tellerrand und Mut zur Lücke« gemacht.

Die von mir vorgestellten Maßnahmen würden, wenn man sie so umsetzte, dazu beitragen, die in ihrer Dominanz aus den Fugen geratene Plattformökonomie schrittweise wieder einzuhegen. Sie würden helfen, aus den Angeboten, die für uns als Konsumentinnen und Konsumenten so attraktiv sind, wieder gemeinwohlorientierte Unternehmen zu machen, die auch uns als Bürgerinnen und Bürgern nutzen. Das kann aber nur der erste Schritt sein. In Deutschland und Europa müssen wir dann im zweiten Schritt wieder gestaltend tätig werden. Wir müssen Instrumente finden, die nicht erst im Nachhinein eingreifen, sondern die die Entstehung unlauterer Marktdominanz verhindern. Und wir müssen Regeln aufstellen, um den Skalen- und Netzwerkeffekten ihre schädliche Dynamik zu nehmen.

Wie Plattformunternehmen wirken, ist – ich habe es eingangs beschrieben – bekannt. Wir müssen das verinnerlichen, um Maßnahmen wie die von mir vorgeschlagenen mit Experten sinnvoll diskutieren und daraus konkrete Handlungen ableiten zu können. Unser Ziel muss es sein, die Märkte, die Wirtschaft politisch zum Wohle aller zu gestalten. Ich bin zuversichtlich, dass die Ökonomie im 21. Jahrhundert für uns alle funktionieren kann.

6. Kapitel
Die Ethik der Maschinen – Sollen Roboter über unser Leben bestimmen dürfen?

Im Jahr 2017 starben auf deutschen Straßen 3177 Menschen. Es waren so wenige wie noch nie zuvor. Überhaupt zeigt ein Blick auf die Statistik, dass wir auf dem richtigen Weg sind. Seit der Wiedervereinigung ist die Zahl der Verkehrstoten fast durchgehend gesunken. Unser Verkehr wird immer sicherer. Das ist ein Erfolg.

Andererseits: Immer noch sterben innerhalb eines Jahres 3177 Menschen bei Auto-, Motorrad- und Fahrradunfällen. Man muss das betonen, weil sich darüber kaum jemand mehr aufregt. Monat für Monat meldet das Statistische Bundesamt die jeweils aktuellen Zahlen, und am Ende addieren sie sich zu einer hohen Jahressumme. Ein Aufschrei ist aber schon längst nicht mehr zu hören. Die betroffenen Familien, Freunde und Bekannte trauern – alle anderen nehmen die Verkündung fast gleichgültig hin. Dass Menschen auf unseren Straßen ums Leben kommen, ist akzeptierter gesellschaftlicher Konsens. Die Toten sind ein Kollateralschaden unseres Wunsches, sich jederzeit flexibel und individuell fortbewegen zu können.

Dabei gäbe es einen Weg, die Opferzahlen deutlich zu reduzieren. Wenn sämtliche Fahrzeuge autonom fahren würden, gesteuert von Computern und Algorithmen, die sämtliche potenziellen Gefahrensituationen im Blick behalten, rechtzeitig bremsen, nie zu dicht auffahren, das Tempolimit einhalten und nicht unter Alkoholeinfluss stehen können, dann wäre der Verkehr auf unseren Straßen deutlich sicherer. Und alles, was man als »Fahrer« noch tun müsste, wäre, in das Auto, das nicht mal mehr ein Lenkrad benötigt, einzusteigen, die Adresse zu nennen und sich zum gewünschten Ziel chauffieren zu lassen.

Sich so fortzubewegen ist ein alter Traum. Es gibt Zeichnungen aus den USA der 1950er-Jahre, in denen diese Vision skizziert wird: Man sieht eine Familie in ihrer elektrisch angetriebenen Limousine sitzen, das Dach besteht aus einer gläsernen Kuppel, der Wagen gleitet auf dem Highway dahin, und der Vater, der sich entspannt von seinem Steuer abwendet, spielt mit seiner Frau und den beiden Kindern eine Runde Domino auf einem in der Mitte des Wagens montierten Tisch. Glaubt man heutigen Ankündigungen und Berichten, ist das keine Utopie mehr. Mercedes, BMW, Ford, Toyota, Audi, Honda, Tesla, Lexus, Hyundai – man kann dieser Liste einen fast beliebigen weiteren Namen eines Automobilkonzerns hinzufügen. Sie alle setzen erste Modelle auf Kurzstrecken ein, lassen Prototypen über die Straßen fahren, gehen Kooperationen mit Softwarefirmen ein oder wollen in dem Markt, der große Gewinne verspricht, anderweitig mitmischen. Von Google ganz zu schweigen. Die Jahreszahlen variieren noch, aber es scheint klar zu sein, dass die Unternehmen nicht mehr lange bis zur Serienreife brauchen.

Trotzdem glaube ich nicht, dass sich das autonome Fahren bald durchsetzen wird, entgegen allen Fortschritten, die schon erzielt worden sind. Zwei Gründe lassen mich daran zweifeln. Die Technologie ist einer davon. Übersehen wird häufig die Tatsache, dass autonom nicht gleich autonom ist und mehrere Stufen der Automatisierung existieren. Die Bundesanstalt für Straßenwesen unterscheidet fünf Niveaus, von »Driver only« über »assistiert«, »teilautomatisiert« und »hochautomatisiert« bis zu »vollautomatisiert«. Momentan stehen wir meistens bei Stufe 2, zum Teil bei Stufe 3, bei der das System die »Längs- und die Querführung« (also das Fahren, Bremsen und Lenken) für gewisse Zeiträume oder in bestimmten Situationen übernimmt. Der Fahrer muss dabei jederzeit eingreifen können. Die Stufen 4 und 5 stellen eine noch mal wesentlich größere Herausforderung dar. Erst da ist es gestattet, dass sich der Fahrer anderen Dingen zuwendet, seinen E-Mails oder einem Film zum Beispiel. Damit das möglich wird, muss das Auto allerdings vollständig mit seiner Umwelt kommunizieren können und garantieren, dass es alle Ampelphasen, Bahnübergänge, Fahrradfahrer, Überholmanöver anderer Autos, querende Fußgänger auf dem Zebrastreifen und den Einsatz eines Notarztwagens auf der Autobahn rechtzeitig erkennt und richtig reagiert, ganz egal wo es unterwegs ist.

Gelingt es, die Technik ausfallsicher zu programmieren? Ich habe zumindest Zweifel, dass die technischen Fortschritte weiter so schnell erzielt werden wie in den letzten Jahren. Die Hürden, die jetzt zu nehmen sind, sind größer als zuvor. Mancher Optimist verweist auf den hohen Sicherheitsstandard der Luftfahrt. Was dort klappt, sollte auch auf der Straße möglich sein, lautet die Schlussfolgerung. Fakt ist, dass Flugreisen sehr sicher sind. 2017 sind weltweit nur 67 Menschen ums Leben gekommen, das sind so wenige wie nie zuvor. Wahr ist aber auch, dass der Verkehr in der Luft vergleichsweise simpel ist: Start und Landung erfolgen auf klar definierten, abgesperrten Flughäfen; in der Luft kreuzen keine anderen Flugzeuge spontan die eigene Route; die Korridore, in denen man sich bewegt, sind strikt vorgegeben. Trotzdem denkt niemand darüber nach, die Piloten abzuschaffen. Selbst bei diesem Verkehr, der wesentlich weniger komplex ist als der auf der Straße, sind immer zwei Piloten an Bord.

Vor der möglichen Einführung des autonomen Fahrens gibt es noch weitere Probleme zu klären. Die Umstellung berührt nämlich – und das ist mein zweiter Punkt – die Grundfesten unseres Menschseins und unseres Rechtssystems. Sie würde unsere Gesellschaft kolossal verändern. Es geht um nicht weniger als die Frage, wem wir künftig die Entscheidung über unser Leben anvertrauen: dem Menschen oder der Maschine?

Wer soll überfahren werden? Und vor allem: Warum?

Wie es dazu kommen könnte, lässt sich an einem einfachen Beispiel erklären. Nehmen wir an, Sie sind in einem autonomen Auto mit einer Geschwindigkeit von 50 Stundenkilometern unterwegs. Keiner sitzt am Steuer, die Maschine lenkt und gibt Gas, und Sie lesen auf der Rückbank Zeitung. Plötzlich hüpft ein Ball auf die Straße, und ein Kind läuft hinterher. Zeit, um den Wagen zu stoppen, bleibt nicht: Zu spontan und unvorhergesehen steht das Kind auf der Fahrbahn, und Sie können von hinten aus ebenfalls nicht mehr eingreifen. Der Computer kann nur noch ausweichen. Aber wohin soll er: auf die Gegenfahrbahn, wo eine junge Frau auf einem Moped fährt? Oder auf den Fußweg, wo ein älteres Ehepaar spazieren geht? Verletzt, wahrscheinlich sogar getötet, wird ein Verkehrsteilnehmer in jedem Fall. Die Frage ist nur, wen es treffen soll.

Das Beispiel ist eine moderne Variante des sogenannten »Trolley«-Problems, das die britische Philosophin Philippa Foot 1967 bekannt machte. In ihrem Gedankenexperiment muss der Fahrer eines Zugs (»Trolley«) entscheiden, wen er überfährt: die fünf Arbeiter auf der Schiene vor ihm oder den einen Arbeiter auf dem Nachbargleis, auf das er den Zug noch lenken könnte. Verhindern lässt sich der Unfall nicht mehr, dafür fährt er zu schnell. Ihm bleibt nur noch eine Wahl: Weicht er aus, um fünf Menschen zu retten und nur einen zu töten? So ähnlich beide Szenarien sind, es gibt doch einen entscheidenden Unterschied: Der Zugführer trifft seine Entscheidung, wer zu Schaden kommen soll, spontan, unmittelbar bevor sein Zug die fünf oder den einen Arbeiter erfasst. Das autonom fahrende Auto hingegen reagiert nicht situativ und wägt keine Möglichkeiten ab, sondern handelt gemäß der Programmierung, die Menschen ihm lange vor dem Unfall mit auf den Weg gegeben haben.

Doch welche Kriterien sollen gelten? Um bei dem modernen Beispiel zu bleiben: Muss die junge Frau auf dem Moped sterben, weil sie an diesem Tag vielleicht ihren Helm zu Hause gelassen und damit ohnehin ein höheres Risiko in Kauf genommen hat? Sollte es die Senioren auf dem Fußweg treffen, weil deren Lebenserwartung im Gegensatz zu den anderen wesentlich geringer ist? Oder ist das Kind zu bestrafen, weil es den Unfall verursacht hat und von seinen Eltern nicht ausreichend beaufsichtigt wurde?

Wenn ich mit Menschen spreche und diese Fragen skizziere, kann ich regelrecht dabei zusehen, wie sie sich der Tragweite der scheinbar so trivialen Änderung unseres Verkehrs bewusst werden. Sehr viele Bürgerinnen und Bürger haben sich mit diesen substanziellen ethischen Fragen noch nie auseinandergesetzt. Das gilt auch für die meisten Politikerinnen und Politiker. Einige wenige beschäftigen sich schon mit dem Thema – breit diskutiert wird es nicht. Das muss sich ändern. Wir, die häufig als Bürgerinnen und Bürger einer Autonation bezeichnet werden und in vielfacher Hinsicht auf Pkw und Lkw angewiesen sind, müssen Antworten auf dieses Dilemma finden.

Fünf Menschenleben sind nicht mehr »wert« als eins

Ich beschäftige mich seit einiger Zeit intensiv mit dem Thema. Ich wäge es ab, spreche mit Expertinnen und Experten genauso darüber wie mit der Familie, Freunden, Kolleginnen und Kollegen und lasse ihre Einschätzungen wirken. Zu einem Ergebnis bin ich noch nicht gekommen. Zu den am häufigsten genannten Kriterien, die einer Programmierung zugrunde liegen könnten, zählen der Zufallsgenerator und eine Selektion nach Alter oder der Zahl der zu erwartenden Opfer. Keine dieser Optionen kann ich mir praktisch umgesetzt vorstellen, zumal wir es in unserem Grundgesetz verankert haben, keine Menschenleben gegeneinander aufzurechnen. Das bestätigte auch das Bundesverfassungsgericht 2006, als es die sogenannte »Abschussermächtigung« innerhalb des Luftsicherheitsgesetzes für gesetzeswidrig erklärte. Die Passage sah vor, es Piloten eines Kampfjets zu ermöglichen, eine vollbesetzte entführte Passagiermaschine abzuschießen, wenn sich dadurch ein Terroranschlag verhindern ließe. Die Menschenwürde gestatte es nicht, diese Abwägung zu treffen, urteilten die Richterinnen und Richter.

Es ist fraglich, ob dieser Grundsatz auch in anderen Ländern Bestand hat. Ich gehe davon aus, dass wir große Unterschiede und unterschiedliche Geschwindigkeiten in der technischen Entwicklung des autonomen Fahrens sehen werden. Es kommt zu einer Ausdifferenzierung, weil das kulturelle Verständnis im Umgang mit neuen Technologien und die verkehrspolitischen Herausforderungen verschieden sind. Die Chinesen beispielsweise wollen mit aller Gewalt Fortschritte erzwingen und Weltmarktführer im Bereich der neuen Antriebe werden, nicht zuletzt auch, weil sie die ökologischen Schäden, die vor allem in ihren Millionenstädten und Ballungszentren längst sichtbar sind und die Gesundheit der Menschen beeinträchtigen, reduzieren müssen. China wird das autonome Fahren in Teilen schon bald einführen – und dieser ökonomische Faktor drängt die ethischen Dilemmata auch bei uns noch schneller in den Vordergrund. Die geografische Entfernung zwischen China und Deutschland hat in dieser Hinsicht keine Relevanz mehr. Debatten der Digitalisierung kennen keine regionalen und kaum noch nationale Grenzen.

Das hat auch die Diskussion über Facebook und andere soziale Netzwerke in den letzten zwei Jahren gezeigt. Die verbindende und gewinnbringende Kraft des Internets für die Menschheit ist unstrittig – aber spätestens seit der Wahl von Donald J. Trump zum US-Präsidenten muss darüber diskutiert werden, wie das menschenunwürdige Verhalten einer lauten Minderheit eingedämmt werden kann. Hate Speech und Diffamierungen sind im Netz präsent. Menschen beleidigen sich gegenseitig, mobben oder behaupten falsche Tatsachen in sozialen Netzwerken und bedrohen damit Existenzen. Es fallen Sätze, die abseits der Online-Welt keiner einem anderen direkt ins Gesicht sagen würde. Wir müssen würdevolle Diskussionen und Ehrlichkeit stärken und das Justizsystem so ausstatten, dass alle Straftaten tatsächlich verfolgt werden. Heiko Maas, Bundesjustizminister in der großen Koalition von 2013–2017, hat mit dem bereits erwähnten Netzwerkdurchsetzungsgesetz (NetzDG) sicher einen Meilenstein geschaffen. Es sieht vor, dass Betreiber von Social-Media-Plattformen schnell auf gemeldete Hass-Posts reagieren und diese im Zweifel löschen müssen. Zwar gab es beim Inkrafttreten des Gesetzes Anfang des Jahres ein paar Umsetzungsprobleme – die Sperrung des Twitterkanals der Satirezeitschrift *Titanic* war falsch. Und es ist ein Manko, dass es nicht unabhängige, rechtsstaatliche Instanzen wie Gerichte sind, die über die Löschung entscheiden, sondern die Social-Media-Provider selbst. Sie legen nicht offen, nach welchen Kriterien sie einen Kommentar, ein Foto oder einen Facebook-Post aus dem Netz nehmen, und weigern sich, einen ernsthaften Dialog über unseren künftigen Umgang miteinander im Netz zu führen. Dass jedoch Tweets rechtsnationaler AfD-Mitglieder, die klar menschenverachtend sind und die Spaltung der Gesellschaft zum Ziel haben, gelöscht und Accounts gesperrt werden müssen, wenn sie sich nicht an das Grundgesetz halten, das ist richtig.

Für das internationale und vor allem transatlantische Ringen um gleiche Standards bei Meinungsäußerungen werden Gesetze allerdings wenig helfen. Verbreitet ein Kommentar Hass, oder ist er beleidigend? Was ist Satire, und müssen Fotos und Videos gelöscht werden, die nackte Körperteile zeigen? Die Werthaltung und Wertvorstellungen gehen zum Teil stark auseinander, und es ist nicht absehbar, dass wir hier schnell zu einheitlichen Antworten kommen. Ein Weltethos, wie es der Theologe Hans Küng genannt hat, also ein Grundkonsens über Werte und Normen, der unabhängig von Kultur, Religion und Nationalität gilt, wäre wünschenswert, ist aber unrealistisch.

Wie Algorithmen Vorurteile verbreiten und verstärken

Welche fatalen Folgen das eigene Menschenbild für andere Menschen haben kann, musste die US-Amerikanerin Joy Buolamwini erfahren. Die Studentin des renommierten Massachusetts Institute of Technology in Boston (MIT) wollte einem Roboter das Kinderspiel »Peek-a-boo« beibringen, wie es auf Englisch heißt – ein beliebtes Versteckspiel für Kleinkinder, bei dem der Vater sein oder die Mutter ihr Gesicht mit den Händen verdeckt, dann durch die Finger linst und sie schließlich mit einem »Buh«-Ruf wegzieht. Was für Kinder ein Spaß ist, weil das Gesicht ihrer Eltern wie aus dem Nichts wieder sichtbar wird, überforderte die Maschine. Der Roboter erkannte Buolamwini nicht. Aufgrund ihrer dunklen Hautfarbe war er nicht in der Lage, aus ihren Konturen, der Nase, den Augen, den Ohren und dem Mund ein Gesicht herauszulesen. Erst als sie sich eine weiße Maske aufsetzte, klappte es mit dem Spiel. Weitere Gedanken machte sie sich zunächst nicht. »Irgendjemand wird dieses Problem schon lösen«, dachte sie.

Kurz darauf wurde sie wieder übersehen, diesmal in Hongkong. Zusammen mit anderen Studenten besuchte Joy Buolamwini Start-ups, und als ein Gründer die Gesichtserkennung seines Roboters demonstrierte, identifizierte die Maschine sämtliche Teilnehmer des Ausflugs – bis auf eine. Diesmal beließ es Buolamwini nicht dabei, sondern hakte nach und stellte fest, dass das Start-up dieselbe Software einsetzte, mit der auch sie versucht hatte, ihrem Roboter »Peek-a-boo« beizubringen. Sie begriff, dass das Problem, dem sie zuvor wenig Beachtung geschenkt hatte, wesentlich größer ist.

Technik ist nicht neutral. Sie wird häufig als kühl, nüchtern und unvoreingenommen dargestellt, aber insbesondere wenn sie von Daten lebt und mit Texten, Fotos, Videos oder Sprachaufnahmen gefüttert wird, um Muster aus dem menschlichen Verhalten für ein eigenes, automatisiertes Reagieren ableiten zu können – wie das beim sogenannten »Machine Learning« und bei künstlicher Intelligenz der Fall ist –, dann werden menschliche Werturteile auf algorithmische Prozesse übertragen. Welche Technologien wir verwenden, was sie mit uns machen, wessen Ideen und Ideologien sie entspringen und welche Ziele, Annahmen, Hoffnungen und Wünsche mit ihnen verbunden sind – Fragen wie diese gehören in den politischen Diskurs. Wir formen die Technik, und sie formt uns. Diese Wechselwirkung wurde Microsoft 2016 schmerzhaft vor Augen geführt, als das Unternehmen einen Chatbot mit dem Namen »Tay« zum virtuellen Leben erweckte. Die Computerdame sollte mit jungen Amerikanern kommunizieren und von ihnen lernen. Das klappte auch sehr schnell, aber anders als geplant. Nach nur einem Tag setzte Tay Nachrichten ab wie: »Hitler hatte recht. Ich hasse die Juden.« Die Mehrheit der Nutzerinnen und Nutzer hatte es darauf abgesehen, ihr ein fremdenfeindliches, rassistisches Vokabular beizubringen. Microsoft musste den Stecker ziehen.

In Joy Buolamwinis Fall stammten die Daten, mit denen die Roboter trainiert worden waren, um zu lernen, wie ein menschliches Gesicht aussieht und wie es sich von anderen Gegenständen unterscheidet, überwiegend von Männern mit weißer Hautfarbe. Sie waren von einer homogenen, nicht diversen Gruppe von Programmierern zusammengestellt worden, die außer Acht gelassen hatte, dass ihre Sicht auf die Welt nicht repräsentativ ist. In analogen Zeiten wäre dieses Problem lokal begrenzt geblieben. Vielleicht hätten die Trainingsdaten noch nicht einmal das Labor verlassen, in dem sie entstanden waren. In digitalen Zeiten aber lassen sich Kopien in Windeseile herstellen und durch die Welt schicken – woraufhin sich Fehler und Vorurteile in rasendem Tempo ausbreiten und festsetzen können.

Joy Buolamwini vom Media Lab des MIT hat es sich inzwischen zur Aufgabe gemacht, die Befangenheit von Programmierern und die daraus resultierende Einseitigkeit von Algorithmen in der Öffentlichkeit zu thematisieren. Die Aktivistin hat eine Initiative gegründet – die »Algorithmic Justice League« –, war bereits im Weißen Haus und im Vatikan und spricht auf TED-Konferenzen.

Im Alltag spielen Algorithmen eine immer größere Rolle

Ihre Erkenntnisse sind auch für uns relevant. Die Ausweitung der Gesichtserkennung, die zur Sicherheit beitragen und der Bekämpfung von Terroristen dienen soll, ist eines der großen, umstrittenen Themen der Innenpolitik. Am Berliner Bahnhof Südkreuz fand kürzlich ein sechsmonatiger Modellversuch statt, bei dem Kameras 250 Testpersonen in der Masse von vorbeilaufenden Passanten identifizieren sollten. Der Versuch war richtig, weil er uns Aufschluss über das technische Potenzial und die Rahmenbedingungen für einen Einsatz im Ernstfall geben kann und verdeutlicht, was korrigiert werden muss. Die Diskriminierung, die Joy Buolamwini erfahren hat, sollte uns jedoch daran erinnern, dass technologische Neuerungen wie die Gesichtserkennung durch einen Ethikrat begleitet werden und dass die Algorithmen, auf denen die Technik basiert, offengelegt werden müssen. Die Politik hat dafür zu sorgen, dass es Überprüfungsinstanzen gibt. In Deutschland sind dies die Datenschutzbeauftragten der Länder. Selbstverständlich müssen sie dann auch so ausgestattet sein, dass sie dieser Aufgabe entsprechen können. Man darf Sicherheitsbehörden nie ohne Aufsicht und Kontrolle lassen – ganz egal ob sie in einem demokratischen Staat oder einem staatsautoritären System agieren. Die Frage, wie viel Überwachung wir wünschen, um Sicherheit zu gewinnen, und wie viel Überwachung wir vermeiden wollen, um Kontrolle zu verhindern, müssen wir gemeinschaftlich diskutieren und immer wieder auf den Prüfstand stellen.

Dass automatisierte Entscheidungshilfen überprüf- und rückholbar sein müssen, gilt nicht nur für die Terrorabwehr, sondern für Algorithmen schlechthin. Sie werden in unserem Alltag eine immer größere Bedeutung haben. Die technische Möglichkeit, Kundinnen und Kunden je nach Einkommen, Einkaufsverhalten und anderen Kriterien mit individuellen Preisen und personalisierten Angeboten zu ködern, gehört bereits zum Alltag und wird von Unternehmen noch weiter verfeinert. Andere Unternehmen haben begonnen, die Gesichtserkennung bei Kundendialogen und in der Werbung einzusetzen und zu testen, Finanz-Start-ups, sogenannte »Fintechs«, vergeben Kredite per Algorithmus, für Versicherungen ist es ebenfalls denkbar, dass es nicht mehr die Mitarbeiterinnen und Mitarbeiter sind, die die Kunden und Kundinnen in Tarife einteilen. In den USA erstellen Polizisten anhand von internen Datenbanken, Wetterberichten und Äußerungen auf Social-Media-Kanälen Vorhersagen zu Straftaten – und versuchen, das vorab ermittelte Verbrechen zu verhindern. Wird ein Täter verurteilt, errechnet ein Computerprogramm mithilfe eines »Risk Score«, wie hoch die Wahrscheinlichkeit eines Rückfalls ist.

Wollen wir das auch? Ich will es nicht. Aber darum geht es noch nicht. Drängender wäre es meiner Meinung nach, zuerst Mechanismen zu definieren, die uns bei der Beantwortung solcher Zukunftsfragen helfen. Über das autonome Fahren wird letztlich der Deutsche Bundestag entscheiden nach einer, da bin ich mir sicher, leidenschaftlichen und vom Ethikrat vorbereiteten und von zahlreichen Organisationen und Initiativen begleiteten Debatte. Es werden konkurrierende Entwürfe auf dem Tisch liegen, und die Abgeordneten werden fraktionsoffen abstimmen.

Das ist für mich eine Gewissensentscheidung, die keine Fraktionsdisziplin erlaubt. Bis zum Jahr 2025, so meine Vorhersage, werden wir das autonome Fahren in Deutschland in einem Gesetz geregelt haben.

Wir müssen es ertragen, dass Menschen Grenzen austesten

Derart richtungweisende Entscheidungen sind im Deutschen Bundestag bislang die Ausnahme, und sie werden es auch künftig bleiben. Gleichwohl nimmt die Zahl der Ideen und Geschäftsmodelle zu, die uns herausfordern. Ein Beispiel ist das US-Unternehmen Aspire Health. Es behauptet, anhand von Diagnosen und Behandlungsplänen ausrechnen zu können, wann ein Patient stirbt – und ob es sich für die Krankenkasse noch »lohnt«, Medikamente oder eine aufwendige Operation zu bezahlen. Mit seiner Kosten-Nutzen-Analyse will Aspire Health dem Gesundheitssystem »unnötige« Ausgaben ersparen.

Das Geschäftsmodell von Aspire Health ist schwer erträglich, weil das Unternehmen die Würde angreift, vorgibt, den Wert von Menschen errechnen zu können, und seine Kriterien nicht offenlegt. Ignorieren können wir Ideen und Geschäftsmodelle wie diese nicht. Im Kapitalismus und der Systemkonkurrenz zu staatsautoritären Regierungen wird alles, was Geld bringt, ausprobiert. Viele Forscherinnen und Forscher, Unternehmerinnen und Unternehmer sowie Investoren und Investorinnen treibt die Lust an, Neues auszuprobieren. Sie sind neugierig, suchen die Veränderung, wollen etwas verbessern oder sogar die Welt retten – und ihre Hoffnung ist nicht unberechtigt: Auch ich denke, dass mit der Digitalisierung die Chancen wachsen, globale Probleme wie die Nahrungsmittelknappheit oder den Klimawandel wirkungsvoller zu bekämpfen. Auf der anderen Seite wird es auch immer wieder Versuche geben, das bisher Denkbare infrage zu stellen und die Grenzen zu verschieben, und wir haben noch zu wenige Konzepte und Verfahren, um auf Provokationen in der digitalen Welt angemessen zu reagieren. Oder sollte es Grenzen der Forschung geben? Bereiche, die Wissenschaftlerinnen und Wissenschaftler nicht betreten dürfen wie beim reproduktiven Klonen von Menschen, das in Deutschland insbesondere durch das Embryonenschutz- und das Stammzellgesetz untersagt wird? So etwas dürfte nicht leichtfertig entschieden werden. Die Freiheit der Wissenschaft hat uns in der Vergangenheit immense Fortschritte ermöglicht und muss aufrechterhalten werden. Gerade in der Medizin bietet die Digitalisierung weitere, bisher ungeahnte Chancen. Es gibt erste Menschen, die mit implantierter Technologie in der Lage sind, durch die Kraft ihrer Gedanken Armprothesen zu steuern. Kritiker werfen ein, dass wir durch solche Sensoren im Gehirn das Menschliche verlieren und uns mit den Maschinen gleichschalten. Ich kann das nicht erkennen. Das mag daran liegen, dass ich mich wegen meiner stärkeren Sehbehinderung sehr intensiv damit auseinandergesetzt habe, was es bedeuten würde, mein Augenlicht zu verlieren. Dass es für diesen Fall eine technische Innovation geben könnte, die mir das Sehen wieder ermöglicht, ist, das muss ich sagen, mehr als verlockend. Und das gilt sicher für ganz viele Bereiche der medizinischen Versorgung. Wie schon einmal betont: Prothesen von Armen, Beinen oder anderen Körperteilen, die man möglicherweise mit bionischen Entwicklungen ergänzt, sind eine idealtypische Vorstellung davon, wie aus technischem Fortschritt individuelle Lebensqualität entsteht. Menschen holen sich ein Stück Normalität zurück, können arbeiten oder die Sinnlichkeit der Umwelt erfahren. Die Horrorvorstellung, die sich mit Implantaten verbindet, stammt häufig aus Science-Fiction-Filmen, die zum Teil sehr düster sind und zu einseitigen Ableitungen führen – und die ich erst einmal für unzulässig halte.

Bedenklicher sind andere Entwicklungen. Das US-Militär arbeitet daran, Drohnen ein Eigenleben zu geben. Die zum Teil bereits heute winzigen Flugobjekte verändern die Art, wie bewaffnete Einsätze und Kriege geführt werden können, massiv. Soldaten müssen nicht mehr selbst auf dem Feld stehen und in den Kampf ziehen, sondern sitzen am Schreibtisch und steuern, möglicherweise sogar Tausende Kilometer weit entfernt, Drohnen bei Aufklärungsflügen oder gezielten Angriffen. Dieses Vorgehen ist einerseits verständlich. Jedes Land versucht möglichst effizient vorzugehen und seine Soldaten mit den besten Mitteln zu schützen. Andererseits ist der Einsatz von bewaffneten Drohnen völkerrechtlich hochgradig umstritten. Auch in der Bundesrepublik Deutschland gibt es eine entsprechende Debatte und einen Konflikt in der großen Koalition. Ich lehne den Einsatz bewaffneter Drohnen ab. Sie sind für den Gegner kaum zu erkennen, und das Gebiet, in dem Krieg geführt werden kann, wird zudem geradezu spielerisch ausgeweitet. Geht es nach dem US-Militär, sollen sie das künftig selbst übernehmen. Mithilfe von Algorithmen können sie abgestimmt in einer Formation Ziele eigenständig definieren und anfliegen. Auf den ersten Blick scheint es für uns als Deutsche keine Möglichkeit der Intervention zu geben, weil die Technologie in einem anderen Rechtsraum entwickelt wird. Was in den USA entschieden und damit auch ermöglicht wird, entzieht sich unserem Einfluss. Andererseits gibt es auf internationaler Ebene Ächtungsabkommen, die regeln, was erlaubt und was nicht erlaubt ist, für biologische oder chemische Waffen zum Beispiel. Das schließt nicht aus, dass sie in Teilen nicht doch angewendet werden – aber grundsätzlich ist es möglich, weitreichende Verabredungen zu treffen, und ich halte das Instrument für geeignet, um eventuell auch den Einsatz automatisierter Drohnen zu unterbinden, weil sie mit ethischen Grundsätzen und rechtlichen Bestimmungen nicht im Einklang stehen. Wir haben die Verpflichtung, solche Themen bei den Vereinten Nationen anzusprechen und auf die Tagesordnung setzen zu lassen.

Wir brauchen mehr Pflegekräfte, und sie brauchen digitale Helfer

Ich gebe zu, dass es nicht immer leicht ist, zu eindeutigen Antworten zu kommen. Dafür krempelt die Digitalisierung zu vieles um, hinterfragt das Menschenbild eines jeden und macht sich daran, unser Selbstverständnis neu zu definieren. Umso fataler wäre es allerdings, zurückzuschrecken und sich gar nicht erst an Antworten zu versuchen. Agieren und nicht reagieren, darum muss es uns gehen, vor allem wenn die Pendel der Argumente in den Debatten weit in die Extreme ausschlagen. Die Zukunft der Pflege ist auch so ein kontroverses Thema. »Es ist unwürdig, Menschen von Robotern pflegen zu lassen«, sagen die einen – »Wir sind auf die Maschinen angewiesen«, halten die anderen dagegen.

Ich glaube, dass beides richtig ist, warne aber davor, auch hier den zweiten Schritt vor dem ersten zu machen. Zunächst brauchen wir einen Fahrplan, um den dramatischen Fachkräftemangel zu verringern. 270 000 Mitarbeiterinnen und Mitarbeiter werden in den kommenden 15 Jahren in der Pflege fehlen, um die Bedarfe unserer Gesellschaft zu decken. Wie schon im Kapitel »Neue Perspektiven für die Arbeitswelt – von der Arbeit zur Aufgabe« erklärt, müssen wir diesen Sektor dringend ideell und materiell aufwerten. Im gleichen Zuge, wie Industriearbeit an Wert verliert, muss es attraktiver und lukrativer werden, für andere Menschen zu sorgen.

Ist diese immens große Aufgabe auf den Weg gebracht und der Weg in die Zukunft klarer umrissen, wird deutlich, wie und was Maschinen in der Pflege beitragen können. Die bisher existierenden Prototypen, die Namen wie »Help Mate«, »Robear«, »Care-O-Bot« oder »Hobbit« tragen, bringen Medikamente, helfen beim Umbetten und Aufrichten und verfügen zum Teil über natürlichsprachliche Fähigkeiten, um Patienten zu unterhalten. Es gibt teilautonome Pflegewagen, die Utensilien bereithalten, den Verbrauch dokumentieren und – als Butler umfunktioniert – Snacks, Getränke, Zeitschriften und mehr direkt ans Bett liefern. Solche ergänzenden, unterstützenden Tätigkeiten kann ich mir gut in der breiten Anwendung in privaten Wohnungen und Seniorenheimen vorstellen, ganz ähnlich, wie sich viele Familien andere digitale Helfer wie Rasenmäher- oder Saugroboter ins Haus holen, denen sie dann nicht selten einen Namen geben. Die technische Umsetzung halte ich bei diesen Anwendungen wie schon beim autonomen Fahren für unbedenklich – vorausgesetzt, es gelten die höchsten Maßstäbe.

Dass autonome Roboter einmal die Pflege ganz übernehmen, halte ich bestenfalls für einen Teil eines Science-Fiction-Romans. Therapeutische, emotionale Maschinen wie das Modell »Paro« sehe ich kritisch: Es stammt aus Japan und wurde einer Robbe nachempfunden, mit antibakteriellem Fell und kindlichen Kulleraugen – vor allem demente Menschen soll es trösten und beruhigen, »Paro« zu streicheln und in den Arm zu nehmen. Bei solchen sogenannten »Zuwendungsrobotern«, denen womöglich noch ein Charakter programmiert wurde, ist für mich die Grenze erreicht. Maschinen sollten keine menschlichen Züge tragen, sondern als künstlich erkennbar bleiben.

Andererseits kann ich die Vorteile nachvollziehen, die Roboter Menschen bieten, die bei der Körper- und Intimpflege Scham vor fremden Pflegerinnen und Pflegern empfinden. Sollte es gelingen, Maschinen mit den nötigen Fertigkeiten auszustatten, hielte ich das zumindest für abwägenswert. Fakt ist ja: Nicht selten hetzt das gestresste Personal im Minutentakt von einem Zimmer zum nächsten, um Patienten zu versorgen, zu reinigen und zu duschen.

Digital-Verfügung: Darf ein Roboter mich pflegen oder nicht?

Grundsätzliche Vorschriften darüber, ob »Paro« oder vergleichbare Maschinen in der deutschen Pflege eingesetzt werden sollten, maße ich mir deshalb an dieser Stelle nicht an. Für ratsam hielte ich es, wenn alle Menschen ihre persönlichen Präferenzen vorab – und vielleicht begleitet durch die jeweilige Krankenkasse – schriftlich festhalten. Was darf ein algorithmisch gesteuertes oder assistierendes Pflegesystem, und was geht zu weit? Meine Frau und ich haben vor ein paar Jahren in einer Sterbeverfügung präzise festgelegt, welche lebenserhaltenden Maßnahmen wir in welchem Fall wünschen und wann die Ärzte und Ärztinnen die Geräte abschalten sollen. Wir haben das gemacht, um für den Ernstfall gewappnet zu sein und um unsere Angehörigen von diesen zum Teil sehr schwierigen Fragen zu erlösen, die zu massiven Spannungen und Herausforderungen in einer Familie führen können. Ähnlich könnte man in der digitalen Pflege verfahren, um ein Höchstmaß an Selbstbestimmung zu ermöglichen.

Pflegeroboter sind erst am Anfang ihrer Entwicklung. Vorschnelle Urteile zu ihrem Einsatz verbieten sich deshalb. Was wir brauchen, sind weitere Untersuchungen zur Akzeptanz der fortschreitenden Entgrenzung von Mensch und Maschine sowie Zwischenschritte im Forschungslabor und bei Diskussionsrunden. Parallel dazu sollten die Vorreiter der digitalen Pflege flächendeckend eingesetzt werden: der Notrufknopf an der Klospülung; die mit Sensoren bestückten Fußmatten, die im Dunkeln automatisch ein Licht einschalten, sobald jemand nachts aufsteht; die seniorengerechte Haustechnik, die per zentralem Touchscreen die Rollläden hoch- und runterfährt und das Licht oder – bei Besuch – die Kamera vor der Haustür einschaltet. Kommt es darüber hinaus durch die weitere Digitalisierung zu einem Zeitgewinn und einer Humanisierung der Arbeit, muss man das begrüßen. Zu groß sind momentan die Kranken- und Fehlzeiten des Personals, die Fluktuation und die körperlichen Schäden, die die Pflegerinnen und Pfleger durch das täglich dutzendfache Heben, Lagern und Umbetten von Bettlägerigen davontragen. Fürs autonome Fahren gilt die schrittweise Annäherung genauso. Es ist zweckdienlicher, die Möglichkeiten moderner Fahrassistenzsysteme auszureizen, bevor wir weiter – womöglich illusorische – Bilder von Autos zeichnen, die einem sämtliche Aufgaben abnehmen und selbst von Kindern bedient werden können. Es gibt noch zahlreiche vielversprechende Lösungen, die in der Lage sind, eine Brücke zu schlagen: etwa Sensoren, die verhindern, dass man zu dicht auffährt. Gerade nach schweren Lkw- und Busunfällen ist das immer wieder ein Thema in der Öffentlichkeit. Solche Systeme sollten gesetzlich zur Vorschrift gemacht werden, um weitere Unfälle zu verhindern. Das betriebswirtschaftliche Argument der zu hohen Kosten, das in dem Zusammenhang genannt wird, kann ich nicht nachvollziehen. In Neuwagen könnten solche Systeme längst zur Standardausstattung gehören.

Und während wir so daran arbeiten, die Zahl der Menschen zu reduzieren, die durch unsere Mobilität krank werden, sich verletzen oder sterben – wozu im Übrigen ganz erheblich auch Lärm, Feinstaub und Abgase beitragen –, sollten wir parallel dazu beginnen, Wünsche an die bevorstehende Verkehrswende zu formulieren. Der Ethikrat der Bundesregierung hat im Sommer 2017 eine erste Stellungnahme zum autonomen Fahren veröffentlicht. Darin wird unter anderem festgehalten, dass das automatisierte und vernetzte Fahren ethisch geboten ist, wenn die Systeme weniger Unfälle verursachen als menschliche Fahrer, es also eine positive Risikobilanz gibt. Eine weitere Aussage des Berichts lautet, dass Sachschaden vor Personenschaden geht und in Gefahrensituationen der Schutz menschlichen Lebens immer höchste Priorität hat. Die Resonanz auf den Bericht in der Öffentlichkeit war gering. Eine Debatte über den Zusammenhang von Rechenmaschinen, menschlichen Fehlern,

Humanität, Rechtsstaatlichkeit und unserem Schicksal gab es nicht. Unwissenheit – oder gar Ignoranz – können wir uns aber nicht mehr leisten. Deshalb benötigen wir viele und prominente Orte, an denen diese Debatte stattfinden kann, wie zum Beispiel Parlamente, öffentlich-rechtliche Medien, Unternehmen, Verbände, Institutionen, Organisationen bis hin zu Parteien – und nicht zuletzt auch in den Familien.

7. Kapitel
Der digitale Staat – mehr Effizienz und bessere Services

Junge Eltern haben direkt nach der Geburt ihres Kindes alle Hände voll zu tun, ihren Alltag neu zu organisieren. Sie müssen nachts ständig raus und ihr Baby stillen, füttern und wickeln. Sie verbringen viel Zeit im Wartezimmer für Vorsorgeuntersuchungen, versuchen auch den Geschwistern gerecht zu werden (sofern es nicht das erste Kind ist) und bemühen sich, irgendwie die Balance zum Job zu halten, von dem sie sich zunächst vielleicht für ein paar Tage freimachen konnten, der nach einer kurzen Auszeit in der Regel dann aber doch wieder erledigt werden muss.

Worauf junge Eltern in den ersten Wochen wenig Lust und wofür sie auch wenig Kraft haben, ist, sich mit Behördengängen und Formularen herumzuschlagen. Genau das müssen sie allerdings machen. Nehmen wir nur mal das Elterngeld. Es wurde als Anreiz für die Gründung einer Familie eingeführt und soll der Mutter und dem Vater eine Auszeit vom Beruf ermöglichen. Maximal 14 Monate lang übernimmt der Staat einen Teil ihres Lohns oder Gehalts. Wer in den Genuss kommen will, muss eine Reihe von Anträgen herunterladen, sie ausfüllen, weitere Dokumente besorgen und dann alles zusammen einreichen. Wie umfangreich das Paket ist, ist nicht einheitlich geregelt und unterscheidet sich von Bundesland zu Bundesland. Allein in Hessen sind diese Papiere vorgeschrieben: der Elterngeldantrag, die Geburtsurkunde (mit dem Verwendungszweck »Zur Beantragung von Elterngeld«), eine Bescheinigung der gesetzlichen Krankenkasse über die Dauer der Schutzfrist und die Höhe des Mutterschaftsgeldes, eine Verdienstbescheinigung, eine Erklärung zum Einkommen, eine Arbeitgeberbescheinigung über die gewährte Elternzeit sowie – falls relevant – eine Bescheinigung der Ausländerbehörde bezüglich des Aufenthaltsstatus. Allein das Informationsblatt, das das Ausfüllen erleichtern soll, umfasst 14 Seiten. Sosehr sich die Behörde über die Geburt des Kindes freut, wie sie auf der ersten Seite zur Begrüßung behauptet (»Herzlichen Glückwunsch!«), so sehr erschwert sie es den Antragstellern, den bürokratischen Teil der Geburt schnell und unkompliziert zu erledigen. Ich glaube, das ginge leichter, sodass Eltern sich schneller wieder um ihre Familie kümmern könnten.

Wäre unsere Verwaltung so digitalisiert, wie ich mir das vorstelle, stünde allen Bürgerinnen und Bürgern Deutschlands ein zentrales, sicheres Portal als Anlaufstelle zur Verfügung. Hier würde man den Elterngeldantrag am Rechner ausfüllen und alle Dokumente hochladen oder dem Amt mit einem Häkchen an der richtigen Stelle die Erlaubnis erteilen, auf bereits online verfügbare Bescheinigungen zugreifen zu dürfen, die Geburtsurkunde zum Beispiel. Seine Identität weist man noch durch eine verschlüsselte Kennung nach – abschicken, fertig.

Das Beispiel zeigt, wie Verwaltungsprozesse mit neuen Technologien automatisiert werden können. Beim digitalen Umbau der Verwaltung ist die Technik aber kein Selbstzweck. Es kommt darauf an, die Prozesse immer auch aus der Sicht und den Bedürfnissen der Bürgerinnen und Bürger gemäß zu denken und sie entsprechend zu organisieren.

Mit besseren Services den Menschen dienen, statt mit veralteten Systemen Milliarden verschwenden

Zugegeben, die Berechnung des Elterngeldes ist nicht so trivial, wie das hier klingen mag. Die Lebenssituationen, Einkünfte und Ansprüche unterscheiden sich bei vielen Menschen sehr voneinander. Trotzdem muss man festhalten, dass Deutschland die Digitalisierung seines Staates und der Dienstleistungen der Verwaltung in den vergangenen zehn, fünfzehn

Jahren verschlafen hat. Es wurde sowohl in die Aus- und Weiterbildung der Mitarbeiterinnen und Mitarbeiter als auch in die technische Infrastruktur viel zu wenig investiert. Die Folge: Wir hinken der allgemeinen Digitalisierung nicht nur hinterher, sondern verschwenden Steuergelder. Veraltete, inkompatible Systeme und die überholten Prozesse, mit denen die Behörden im Alltag arbeiten müssen, kosten Jahr für Jahr Milliardensummen. Diesen Zustand könnte man innerhalb weniger Jahre verändern und diese Geldvernichtung beenden. Es gibt aber noch mehr Gründe, die für eine zügige Digitalisierung der öffentlichen Verwaltungen sprechen.

Als Sozialdemokrat glaube ich, dass dem Staat eine bedeutende Funktion im Leben der Bürgerinnen und Bürger zufällt. Er trägt die übergeordnete Verantwortung für das Gemeinwesen, ist für Straßen, Schulen und die Sicherheit zuständig und organisiert das solidarische Handeln der Bevölkerung. Einen Nachtwächterstaat, der das soziale und wirtschaftliche Leben allein den Menschen überlässt und damit das Recht des Stärkeren fördert, will eigentlich niemand; die Geschichte hat ja auch eindeutig gezeigt, welche segensreichen gesellschaftlichen Fortschritte der demokratische Staat erbringen kann, wenn er sich eben nicht auf minimalste Leistungen beschränkt. Öffentliche Dienstleistungen sind in diesem Verhältnis zwischen Staat, Politik, Demokratie und den Bürgerinnen und Bürgern prägend. Wie gut eine Verwaltung aufgestellt ist, wie effizient und transparent sie arbeitet und den Anfragen und Anliegen der Menschen nachkommt, ist – neben anderen Faktoren – Teil guter Regierungsführung. Dieses Kriterium entscheidet mit über das Vertrauen der Bürgerinnen und Bürger in ihren Staat und vermittelt auch einen Eindruck davon, wie gut die gewählten Politiker in der Lage sind, Probleme zu lösen und sich Herausforderungen zu stellen. Kurzum: Die Zukunftsfähigkeit eines Landes drückt sich auch auf dieser alltäglichen Ebene aus. Zumal die Services der öffentlichen Hand in gewisser Konkurrenz zur freien Wirtschaft stehen. Wenn Unternehmen ständig darum bemüht sind, das Leben ihrer Kundinnen und Kunden – wozu natürlich auch jede Politkerin, jeder Politiker zählt – immer leichter und effizienter zu machen, dann kann sich der Staat diesem Maßstab nicht entziehen und die Modernisierung verweigern. Gerade Vergleiche mit dem Konsumalltag eines und einer jeden Deutschen machen deutlich, wie absurd es ist, dass man für die Beantragung eines Nummernschilds, einer Urkunde oder eines Passes noch ein Amt besuchen muss. Der Staat muss stattdessen permanent prüfen, welche Innovationen er übernimmt und wie er diese integriert. Im digitalen 21. Jahrhundert gilt das noch mehr als zuvor.

Mit digitaler Effizienz gegen den demografischen Wandel

Eine Digitalisierung der Ämter und Behörden ist nicht nur aus Sicht der Bürgerinnen und Bürger wünschenswert, sondern muss auch im Interesse aller Verwaltungsangestellten sein. Ihre Arbeitsbelastung hat in den vergangenen Jahren zugenommen, zum Teil dramatisch, weil es einerseits über einen langen Zeitraum versäumt wurde, neues Personal für den öffentlichen Dienst zu begeistern und einzustellen. Andererseits sind die Anforderungen an die Tätigkeiten gestiegen. Dauerte es früher fünf Minuten, einen Personalausweis zu bearbeiten, so brauchen die Mitarbeiterinnen und Mitarbeiter wegen neuer Sicherheitsbestimmungen inzwischen 15 Minuten. Zudem werden wir in Deutschland, wie schon im Kapitel »Neue Perspektiven für die Arbeitswelt – von der Arbeit zur Aufgabe« erklärt, durch den demografischen Wandel bis zu vier Millionen Arbeitskräfte verlieren. Dazu gehören zwangsläufig auch Mitarbeiterinnen und Mitarbeiter der öffentlichen Verwaltungen. Deshalb ist es Pflicht, die Chancen der Digitalisierung zu nutzen, um ein Höchstmaß an effizienten und beschleunigten Dienstleistungen zu haben. Die Bearbeitung eines Passes lässt sich über Online-Anträge ganz sicher ebenso standardisieren wie eine Reihe von Aufgaben von Standesämtern und anderen Stellen. Auch bei Infrastrukturprojekten sind zum Beispiel standardisierte Baugenehmigungen denkbar oder dass Erkenntnisse aus Umweltverträglichkeitsprüfungen mit Datenbanken verknüpft werden, die bisher nicht zugänglich waren. Eine mögliche praktische Anwendung wäre die digitale Kartierung von Luftbildern aus dem Zweiten Weltkrieg. Blindgänger führen auf Baustellen immer wieder zu Problemen und Todesopfern, weil den Arbeitern vor Ort zu wenige Informationen vorliegen. Wenn alle Beteiligten leichter Zugang zu diesen Daten bekämen und sie mit anderen kombinieren und abgleichen könnten, würde das die Sicherheit erhöhen und die Kosten reduzieren. Grundsätzlich gilt: Mit diesen Technologien müssen sich Verantwortliche öffentlicher Verwaltungen sehr viel intensiver auseinandersetzen als bisher, wenn sie ihren Führungsrollen gegenüber den eigenen Mitarbeiterinnen und Mitarbeitern gerecht werden wollen. Die Zahl der Angestellten schrumpft, die Aufgaben werden komplexer – Technik kann hier eine Lösung anbieten.

Verantwortungsvoller Umgang mit digitalen Risiken

Es gibt noch einen weiteren Grund, warum der Staat endlich mehr Geschwindigkeit in seine digitalen Bemühungen bekommen muss: die im Kapitel »Die Plattformökonomie – groß, größer, zu groß« bereits erwähnte Cyber Security. Digitale Sicherheit im öffentlichen Sektor ist eine hoheitliche Aufgabe, der Staat trägt in vielen Bereichen die Hauptverantwortung – etwa für die sicherheitstechnische Absicherung des Militärs und des Katastrophenschutzes sowie der Polizei und Rettungsdienste und der Krankenhaus-Infrastruktur. Wie wenig Vorsorge hier zum Teil betrieben wird, machte ein simulierter geheimer Cyber-Angriff auf ein sehr renommiertes Krankenhaus in Deutschland vor nicht allzu langer Zeit deutlich. Die beauftragten Hacker konnten in das IT-System eindringen und bis zu den Herz-Lungen-Maschinen auf den Intensivstationen und vielen anderen Geräten mehr durchgreifen – und sie hätten diese manipulieren können. Sie stellten fest, dass der Träger des Krankenhauses so gut wie keine relevanten Schutzwälle gezogen hatte und sie in der Lage gewesen wären, die Strukturen für mindestens ein Jahr lahmzulegen. Egal ob private oder öffentliche Krankenhäuser: Der Sicherstellungsauftrag, also der Auftrag zur medizinischen Versorgung der Bevölkerung, wird hoheitlich beliehen, ist normiert und gilt erst recht für Krankenhäuser, die in Katastrophen- und Rettungsschutzpläne integriert sind, ganz gleich, in welcher Trägerschaft sie sich befinden. Und zur Erfüllung dieses Auftrags muss die IT sicher sein. Die Rechtsform ist unerheblich. Umso unverständlicher war die Reaktion des betroffenen Krankenhauses. Konsequenzen wurden anfangs nicht gezogen, weder bei der Technik noch bei der Fortbildung.

Eine solche Ignoranz und Unkenntnis von Führungskräften ist ein verbreitetes Phänomen. Häufig haben wir kein Technik-, sondern ein Wahrnehmungs- und damit auch ein Umsetzungsproblem. Die mangelnde IT-Ausbildung erschwert es zusätzlich, den Wandel schnell hinzubekommen. Es fehlen die Fachleute, und das gilt nicht nur für den öffentlichen Dienst, der mit seinen starren Strukturen und im Vergleich zur Wirtschaft geringeren Gehältern nicht immer ein attraktiver Arbeitgeber ist. Auch die private Wirtschaft und insbesondere kleine und mittelständische Unternehmen klagen darüber, nicht genügend qualifizierten Nachwuchs zu finden – oder dass dieser nach dem Studium ins Ausland abwandert, wo er zum Teil mehr verdient. Eine Folge ist, dass es in den Unternehmen mangelndes Know-how gibt unter anderem für Simulationen wie die beschriebene IT-Attacke – bei Führungskräften, die sie anstoßen und anleiten müssten, und bei denen, die sie auf der operativen Ebene durchführen und begleiten könnten. Auch deshalb sind solche Simulationen bei kritischen Infrastrukturen kein Standard. Aber vielleicht müssen sie das auch gar nicht sein: Weil sich Krankenhäuser in ihrem Aufbau und ihren Anforderungen an die IT-Sicherheit ähneln, lassen sich aus solchen punktuellen Projekten systemrelevante Erkenntnisse ziehen, die auf andere Einrichtungen übertragbar sind. Allerdings fehlen uns bislang effiziente Prozesse, die es garantieren, dass derartige Hinweise über potenzielle Risiken konsequent an die zuständigen Stellen weitergereicht werden. Sicherzustellen, dass nicht allein die technische Infrastruktur vorhanden ist, sondern dass auch vernünftige Abläufe für den Austausch von Daten und Informationen zwischen allen Beteiligten eingerichtet werden, ist deshalb ein Punkt, auf den wir bei der Digitalisierung des Staates und der Verwaltung unser besonderes Augenmerk richten müssen.

Die föderale Struktur erschwert den Datenaustausch

Wenn über die Digitalisierung des Staates diskutiert wird, fallen häufig die Namen anderer Länder. Dazu zählen Dänemark, Schweden, Österreich, die Schweiz und Estland, die als Vorbilder gelten. Der Blick auf Vorreiter ist immer richtig, man darf allerdings nicht vergessen, dass die genannten Nationen zum Teil nur einen Bruchteil der Einwohnerzahl Deutschlands haben und der Prozess gerade in dem Paradebeispiel Estland auch etwa 20 Jahre lang gedauert hat. Außerdem ist das Land nach der Loslösung von der Sowjetunion in der Lage gewesen, seine Infrastruktur völlig neu aufzubauen. Das föderal und nicht zentralistisch organisierte Deutschland ist mit seinen zum Teil sehr verschiedenen Kommunalverfassungen und unterschiedlichen Zuständigkeiten ganz anders konstituiert. Die Verwaltung in Baden-Württemberg funktioniert anders als in Hessen, und die wiederum unterscheidet sich erheblich von der eines Stadtstaates. Das bietet an vielen Stellen große Vorteile – bei der Digitalisierung, die im Kern auf zentrale Strukturen setzt und wo es auch um Standardisierung und einheitliche Schnittstellen geht, bereitet uns das jedoch erhebliche Schwierigkeiten. Wie groß die sind, haben wir in den vergangenen Jahren schon mehrfach gesehen. Zum einen, als in den Jahren 2015/2016 etwa 900 000 Menschen aus Syrien, Afghanistan und anderen Ländern zu uns flohen und die Behörden zum Teil nicht auf die gleichen Datensätze zugreifen konnten. In der Folge wussten sie mitunter nicht, wer sich wo befindet und an welche Adresse notwendige Dokumente geschickt werden sollten. Zum anderen wurde das bei der Umsetzung der Arbeitsmarktreform im Zuge der Agenda 2010 offensichtlich. Auch hier hat der Datenaustausch sehr lange nicht funktioniert – weil die Schnittstellen zwischen den sogenannten Optionskommunen, die ihre Arbeitsmarktpolitik in eigener Zuständigkeit machen, und denen, die das in Zusammenarbeit mit der Bundesagentur für Arbeit erledigen, nicht zueinanderpassten. Bislang glaubte jeder, ein eigenes System entwickeln zu müssen, und hat das auch gemacht, zum Teil über Jahrzehnte hinweg.

Ob sich das beheben lässt, wird eine zentrale Frage für die E-Government-Agentur und den Digitalrat sein, die die Bundesregierung bilden und beauftragen wird, Lösungsvorschläge zu erarbeiten. Davon hängt ab, wie nahe wir der eingangs skizzierten Idee eines Deutschlandportals kommen. Wer einen möglichst einfach zu bedienenden, effizienten Service für die Bürgerinnen und Bürger haben will, muss diese Lösung anstreben. Noch aber scheitert die Umsetzung daran, dass zwischen den Bundesländern und ihren amtlichen Stellen unzählige Details koordiniert und Prozesse vereinheitlicht werden müssen. Bislang ist es ja so, dass man seinen Führerschein bei einer Ordnungsbehörde der Kommune beantragt, die Kfz-Zulassung eine Sache der Landkreise und der Pass wiederum eine gemeindliche Angelegenheit ist. Möglich ist, dass wir bei den Insellösungen der jeweiligen Bundesländer bleiben, diese aber mit ausreichend intelligenten Schnittstellen versehen, um ressort- und länderübergreifendes Arbeiten zu ermöglichen. Oder dass wir einmal überlegen, ob wir nicht auch neue Prozesse auf der grünen Wiese etablieren können und dann die alten auf einen Schlag beenden.

Wir brauchen einen Digitalminister oder eine Digitalministerin – und »digitales« Denken und Handeln in jedem Ministerium

Um das zu koordinieren, bräuchte Deutschland nicht nur eine Abkehr vom Silodenken zwischen Ministerien, Ländern und Verwaltungen, sondern auch ein Digitalministerium. Die meisten meiner Kolleginnen und Kollegen haben die Notwendigkeit dafür allerdings noch nicht erkannt. Für sie sind Fragen der Digitalisierung Infrastrukturprobleme und somit vor allem eine Sache des Ministeriums für Verkehr und digitale Infrastruktur, wie es seit ein paar Jahren heißt. Immerhin spielte die Digitalisierung während der Sondierungsgespräche und der Koalitionsverhandlungen 2017 und 2018 eine so große Rolle in der deutschen Politik wie noch nie zuvor. Ein Digitalminister könnte die Feder der Veränderung führen sowie Aufgaben formulieren und delegieren – die konkrete Umsetzung müsste dann in allen Fachressorts erfolgen, wie es das Bundesarbeitsministerium vorgemacht hat, das sich ausführlich mit den Folgen der neuen Technologien für die Arbeitswelt (»Arbeit 4.0«) befasst hat. Die Fachressorts müssten anfangen, »digital« zu denken und zu handeln. Die entsprechende Befähigung der Mitarbeiterinnen und Mitarbeiter sowie der Leitungsebenen ist eine Voraussetzung dafür. Die digitale Transformation ist eben nicht nur ein Tech-Change, sondern vor allem ein People-Change. Das heißt, es geht nicht allein um die notwendige Technik, sondern um die Einstellungen, das Know-how und die Kompetenzen der Menschen. Eingerahmt werden müssen alle Initiativen von einer Digitalstrategie des Bundes und damit abgestimmten Digitalstrategien der Länder, aus denen ein digitaler Transformationsplan für Deutschland erstellt wird, über den wir die notwendigen Fähigkeiten in Staat und Gesellschaft aufbauen (die ich in diesem Buch an vielen Stellen skizziert habe). Über den Fortschritt sollte das Parlament in einem jährlichen Bericht informiert werden.

Zwar leiden Querschnittsthemen immer darunter, dass Mitarbeiterinnen und Mitarbeiter in den einzelnen Ministerien und Behörden sich nicht in ihre Arbeit reinreden lassen und Kompetenzen abgeben wollen, was wiederum die Zusammenarbeit und das Gesamtergebnis beeinträchtigt. Andererseits zeigt etwa die EU-Kommission mit ihrer Matrix-Struktur, dass auch das funktionieren kann. Trotz einiger Schwächen dient sie den Mitarbeiterinnen und Mitarbeitern aus verschiedensten Ländern unterm Strich immer wieder als verlässliche Basis für ein system- und themenübergreifendes Arbeiten. Dass die deutsche Verwaltung davon eher mehr als weniger bräuchte, konnte ich erfahren, als ich in Gießen die soziale Stadterneuerung mit aufgebaut habe. Auch das war ein klassisches Querschnittsthema, für das ich ganz unterschiedliche Verantwortliche gewinnen musste: Sie kamen aus dem Hoch- und Tiefbauamt, der Stadtplanung, dem Wohnungswesen, dem Jugend- und Schulverwaltungsamt, von Trägern der freien Wohlfahrtspflege, aus Schulen und von der Zivilgesellschaft. Bei diesem Prozess war es interessant zu erleben, wie auf einmal Behörden und Kulturen miteinander in Kontakt kamen und sich austauschen mussten, die zuvor kaum Beziehungen zueinander pflegten.

Digitaler Staat – digitale Bundesländer

Die Mängel bei der Digitalisierung, die ich für Deutschland beschrieben habe, gelten auch für Hessen. Die Regierungen der vergangenen Legislaturperioden haben hier ebenfalls nicht die grundlegende Notwendigkeit für den digitalen Wandel begriffen und beachtet, auch weil sie kein Verständnis für die Zusammenhänge und die daraus resultierenden Herausforderungen hatten. Viele E-Government-Projekte der derzeitigen Koalition entstanden fast willkürlich und verbrannten Millionen von Steuergeldern. Beispielhaft dafür steht die neue Verwaltungssteuerung in Hessen, die Unsummen verschlungen hat. Auch der sogenannte »HessenPC«, der 2011 als standardisierte Plattform an mehr als 60 000 IT-Arbeitsplätzen der Landesverwaltung eingeführt wurde, ist kein Durchbruch in der nicht vorhandenen Digitalisierungsstrategie des Landes. Er sollte einheitlich den Internetzugang, E-Mail und eine Dokumentenverwaltung ermöglichen, so das Versprechen. Stattdessen muss es darum gehen, Lösungen für konkrete Bedürfnisse der Bürgerinnen und Bürger funktional umzusetzen: individuelle Verwaltungskonten, eine sichere elektronische Kommunikation mit den Behörden, die Speicherung wichtiger Daten und eine transparente Interaktion bei öffentlichen Verwaltungsprozessen von Anfang bis zum Ende. Ein Bürgerservice, der diesen Namen verdient, in dessen Mittelpunkt also die Bürgerinnen und Bürger stehen und der von ihren Bedürfnissen ausgehend gedacht ist, darf sich nicht in der Bereitstellung vieler Links und PDF-Dokumente erschöpfen, wie das derzeit der Fall ist. Stattdessen müssen Vereinfachung und Effizienz das Ziel sein – und darüber hinaus echte Teilhabe aller an der Gestaltung der gemeinsamen Zukunft durch Dialog.

Um das zu erreichen, brauchen wir auch einen Neustart der Hessischen Zentrale für Datenverarbeitung (HZD), die seit mehr als 45 Jahren für die Informations- und Kommunikationstechnik der Landesverwaltung verantwortlich ist. Sie muss zu einem Innovationszentrum ausgebaut werden mit dem Ziel, Impulse für Hessen zu setzen und auch bundesweit eine Vorreiterrolle zu spielen. Wie alle anderen IT-Zentren benötigt sie Ressourcen zur Umsetzung der Strategie. Die Umsetzung sollte bei einer Gruppe liegen, in der Vertretungen aus der Verwaltung, der Verwaltungswirtschaft und -ausbildung sowie Menschen aus der Bürgerschaft, Wissenschaft und Unternehmen konkrete Empfehlungen formulieren.

Digitalisierung scheitert bislang an fehlender Ausbildung

Ein Schwerpunkt unserer Initiative muss auf der Ausbildung liegen. Sie ist eine der größten Hürden für die Digitalisierung der Verwaltung. Zwar gibt es auf Bundes- und Landesebene mittlerweile einzelne lobenswerte Weiterbildungsangebote, trotzdem müssen die Curricula der digitalen Grundausbildung auf den Prüfstand. Hier gelten ähnliche Kompetenzen und Kriterien, wie ich sie schon im Kapitel »Ein modernes Bildungssystem – Blick über den Tellerrand und Mut zur Lücke« skizziert habe. Für eine moderne Verwaltung sind vor allem die folgenden Punkte essenziell: die Flexibilisierung und Dynamisierung der Arbeitsebenen und -zeiten; agiles Projektmanagement und -organisation; die Bereitschaft zur kontinuierlichen Verbesserung nutzerzentrierter Abläufe; die Einführung agiler technischer Kollaborationswerkzeuge und -methoden; die Stärkung von Eigenverantwortung und der Fähigkeit zum Empowerment; teamorientierte und abteilungsübergreifende Kooperationen und nicht zuletzt auch die Vereinbarkeit von Privat- und Berufsleben. All diese Dinge bilden auch in einer modernen Verwaltung künftig die Grundlagen.

Wie drängend es ist, den Bereich der Verwaltung anzupacken, zeigen auch die Ergebnisse einer vor knapp zwei Jahren durchgeführten Studie der Hertie School of Governance. Von den rund 1200 befragten Behördenleiterinnen und Behördenleitern aller staatlichen Ebenen gaben 71 Prozent an, dass die Qualifizierung von Führungskräften sowie Mitarbeiterinnen und Mitarbeitern in digitalen Kompetenzen »sehr relevant« sei. Zugleich ergab die Studie, dass es einem Großteil der Mitarbeiterinnen und Mitarbeiter schwerfällt, sich für neue Themen und Aufgaben zu öffnen. Transparenz beispielsweise ist demnach nur bedingt erwünscht: Die Beteiligung und Einbindung der Bürgerinnen und Bürger erachtet gerade mal jede zehnte Behördenleitung als relevante Aufgabe. Die Umsetzung eines Masterplans »Digitales Hessen« muss deshalb stark ergebnis- und bürgerorientiert erfolgen. Konkret: Es dürfen nicht nur die ohnehin an der Digitalisierung interessierten Mitarbeiterinnen und Mitarbeiter der Verwaltung eingebunden werden, sondern die Schulungen müssen so konzipiert werden, dass es in überschaubaren Zeiträumen zu spürbaren Verbesserungen für alle Mitarbeiterinnen und Mitarbeiter kommt. Dabei kommt den jungen Kolleginnen und Kollegen, den Digital Natives, eine wichtige Rolle im Veränderungsprozess zu. Sie sind im digitalen Zeitalter geboren und haben eine wichtige Vorbildfunktion bei der digitalen Transformation in der Verwaltung. Auf diese Weise lassen sich Stück für Stück die Zurückhaltung und die Skepsis gegenüber den neuen Technologien überwinden und die Vorteile neuer Methoden vermitteln – von denen dann im zweiten Schritt alle Bürgerinnen und Bürger profitieren. Etwa indem die Bearbeitungsdauer einer Gewerbeanmeldung nicht mehr Wochen oder Monate, sondern nur noch ein paar Tage dauert und die Zeit, in der ein mitgeteilter Mangel im öffentlichen Raum behoben wird, deutlich sinkt.

Mit 20 000 Sensoren gegen den Unmut der Bürgerinnen und Bürger

Zu welch positiven Ergebnissen digitale Lösungen für Mängel führen können, macht die 170 000 Einwohnerinnen und Einwohner zählende Stadt Santander an der Nordküste Spaniens vor. Auslöser für die Digitalisierung, die sie 2009 begann, war der Unmut der Bürgerinnen und Bürger. Es gab zu wenige Parkplätze, die Mülleimer quollen über, und in den Parks wurde beim Versuch, den Rasen grün zu halten, viel Wasser verschwendet. Um das zu ändern, platzierten Wissenschaftler und Wissenschaftlerinnen sowie Planerinnen und Planer rund 20 000 Sensoren und Datenboxen mit Antennen im Boden, auf Bussen oder an Laternenpfählen und Hauswänden, und die machen sich jetzt auf vielfältige Art und Weise nützlich. Wird ein Parkplatz frei, schickt die Magnetschleife im Asphalt ein Signal an die Zentrale, die den nächsten suchenden Autofahrer wiederum per GPS und mit Lichtsignalen zu dem freien Parkplatz führt. Bezahlt wird der Parkschein per App. Bei einem Stau reagiert das System ebenfalls und leitet den Verkehr um. Auch die Müllabfuhr profitiert. Sie hat die öffentlichen Mülltonnen und ihre Fahrzeuge verdrahtet, woraufhin die Mitarbeiterinnen und Mitarbeiter in der Zentrale jetzt immer wissen, wann sie welche Tonne leeren müssen und welche sie erst in ein paar Tagen ansteuern brauchen – das spart Benzin und Personalkosten und schont die Umwelt.

Bürgerinnen und Bürger, die einen Schaden entdecken, können diesen fotografieren und über die App der Stadtverwaltung hochladen und den zuständigen Ämtern melden. Handelt es sich zum Beispiel um ein Schlagloch, wird nachts das umgebende Licht intensiviert, damit alle Auto- und Fahrradfahrer gewarnt sind. Das funktioniert auch bei Fußgängerinnen und Fußgängern: Gehen sie unter einer Laterne spazieren, registriert der Bewegungsmelder die Person, schaltet die Glühbirne an und schickt ein Signal an die jeweils nächste Laterne, damit diese ebenfalls anspringt – bis zu 80 Prozent der Stromkosten kann die Stadt nach eigener Angabe seit Einführung des smarten Systems sparen. Andere Sensoren messen die Werte von Feinstaub, Stickoxiden und Ozon oder, in Parks, ob die Grünanlagen ausreichend Wasser bekommen haben. Ist es zu trocken, springen automatisch die Regensprenger an. Santander gilt inzwischen nicht mehr als rückständig, sondern als Vorzeigestadt bei der Digitalisierung des öffentlichen Raums – auch weil es dem Bürgermeister offenbar gelungen ist, die IT-Sicherheit zu gewährleisten und seinen Bürgerinnen und Bürgern zu versichern, dass zu keinem Zeitpunkt personenbezogene Daten erhoben werden.

In Deutschland erzählen wir uns solche positiven Geschichten der Digitalisierung bislang zu selten. Wir sollten aber damit beginnen, und vor allem sollten wir anfangen, eigene Pilotprojekte zu starten. Sie sollten den Veränderungswillen des Staates demonstrieren, die Akzeptanz digitaler Maßnahmen bei den Bürgerinnen und Bürgern erhöhen und technologische Innovationen von Start-ups und Unternehmen aufgreifen. Was Santander geschafft hat, kann auch in deutschen Städten klappen, in Hessen und in allen anderen Bundesländern. Die technologische Herausforderung ist dabei sogar überschaubar. Größer ist die Hürde, alle notwendigen Akteure zusammenzubringen und zu begeistern. Wenn das aber gelingt, einzelne Projekte bekannt werden und sich der Vorteil bei den Bürgerinnen und Bürgern herumspricht, dann, so bin ich überzeugt, wird der Funke auch auf andere Menschen überspringen, die dem Wandel eher skeptisch gegenüberstehen.

Bei der Suche nach intelligenten Lösungen für bestehende Probleme – etwa im Straßenverkehr – kann ebenfalls die Digitalisierung helfen. Schneller und effizienter als je zuvor lässt sich im Internet recherchieren, wer womit welche Erfahrungen gemacht hat. Das mag wie eine Binsenweisheit klingen, dahinter steckt allerdings ein Gedanke, der in deutschen

Behörden noch nicht so weit verbreitet ist. Er lautet: Man muss das Rad nicht immer wieder neu erfinden – die Wahrscheinlichkeit, dass jemand anderes auf der Welt sich auch schon mit dieser oder einer sehr ähnlichen Fragestellung beschäftigt hat, ist groß. Unser föderales System, in dem die Bundesländer miteinander konkurrieren, hat in den vergangenen Jahrzehnten eher das gegenteilige Handeln befördert und dazu angeregt, Systeme und Prozesse zu entwerfen, die sich von den anderen unterscheiden. Im Zuge der Digitalisierung, in der jeder mit jedem in Verbindung treten können soll, merken wir nun, wie schwer es ist, diese Einzelteile zu einem großen Ganzen zusammenzubringen. Wir sollten hier wieder zu einem stärkeren Austausch kommen.

Wie man Bürgerinnen und Bürger für öffentliche Ausschreibungen begeistern kann

Diesen umfassenden Blick für das große Ganze, der uns bislang fehlte, sollten wir jetzt gewinnen. Es muss darum gehen, sich weltweit zu orientieren und mit anderen Stadtplanern und -planerinnen, Verwaltungsfachleuten sowie Expertinnen und Experten auszutauschen, um – allein schon aus Kostengründen – von ihnen zu lernen und zu erfahren, welche Ideen und Konzepte auf dem Markt verfügbar sind. Wie das gehen kann, zeigt das Unternehmen Citymart, das von einem deutschen Sozialunternehmer gegründet wurde und inzwischen in New York sitzt. Das Team berät Städte weltweit und bringt sie auf einer Art Marktplatz zusammen, um sich austauschen und voneinander profitieren zu können. Citymart geht aber noch weiter. Es kurbelt neben dem internationalen Dialog auch den lokalen Austausch zwischen den Bürgerinnen und Bürgern und der Verwaltung an, indem es die Logik der öffentlichen Ausschreibungen umdreht.

Um das zu verstehen, muss man sich noch mal bewusst machen, wie öffentliche Aufträge bislang vergeben werden. Steht eine Kommune oder Stadt vor einem Problem, machen sich der Leiter oder die Leiterin sowie die Angestellten des zuständigen Amtes daran, eine Lösung zu konzipieren. Haben sie eine gefunden, formulieren sie diese sehr präzise in einer Ausschreibung und veröffentlichen das Papier. Das Ziel ist, einen Bieterwettbewerb unter mehreren Unternehmen anzustoßen, von denen das günstigste ausgewählt wird. Dieser Prozess soll sicherstellen, dass Steuergelder sorgsam ausgegeben werden. Was in der Theorie korrekt klingt, funktioniert in der Praxis längst nicht immer, denn das Modell setzt voraus, dass die Mitarbeiterinnen und Mitarbeiter der Behörde für jeden Auftrag die perfekte Lösung kennen. Das ist kaum der Fall: Laut Experten sind einer Stadt zum Zeitpunkt der Ausschreibung lediglich drei Prozent der infrage kommenden Lösungen bekannt. Und da die Ausschreibungen häufig sehr umfassend und detailliert formuliert sind, schließen sie nicht selten Start-ups und kleine und mittelständische Unternehmen der Region faktisch von dem Prozess aus.

Anstatt die fertige Lösung auszuschreiben, sollte man einen sehr viel offeneren Prozess anstoßen und bloß das Problem beschreiben – in einem kürzeren, allgemeinverständlichen Aufruf, den man viel breiter streut und in der Bevölkerung etwa über die Monitore in U- und S-Bahnen bekannt macht. Ein Beispiel: Barcelona fand vor ein paar Jahren keinen Weg, die Zahl der Fahrraddiebstähle in der Stadt zu reduzieren. Also baten die Verantwortlichen die Einwohner und Einwohnerinnen um Ideen. Der Resonanz war bemerkenswert: 115 Konzepte wurden eingereicht, wesentlich mehr als zuvor. In Barcelona wollten einige die Ausschreibung zum Anlass nehmen, sich selbstständig zu machen und ein Unternehmen zu gründen.

»Hackathons« und die Intelligenz der Vielen

Das Modell lässt sich gewiss nicht auf sämtliche öffentlichen Ausschreibungen anwenden. Trotzdem ist es klug, weil es die Chance auf eine passende Lösung deutlich erhöht, das Potenzial der Bürgerinnen und Bürger nutzt und durch die Transparenz und die niedrigschwellige Ansprache für Vertrauen sorgt. Es ruft die Einwohnerinnen und Einwohner dazu auf, mit anzupacken und die gemeinsame Kommune oder Stadt vorwärtszubringen. Zugleich nimmt sich die Behörde zurück und signalisiert, dass sie auf die Hilfe angewiesen ist. Sich das öffentlich einzugestehen halte ich für kein Zeichen von Schwäche, sondern für ein modernes Verständnis von Selbstbewusstsein. Niemand ist heute mehr in der Lage, sämtliche potenziellen Lösungen zu kennen, gerade nicht in Zeiten von erhöhter Arbeitsverdichtung und komplexer werdenden Problemen. Da ist es nur konsequent, auf die Intelligenz der Vielen zu setzen und den Prozess zu moderieren. Die Digitalisierung hilft dabei immens.

Eine weitere alternative Form des Bürgerengagements und der Wirtschaftsförderung seitens der öffentlichen Hand können Hacker-Marathons sein, auch »Hackathons« genannt. Bei diesen Events kommen Programmierer zusammen, um sich innerhalb einer vorgegebenen Zeit, ein Wochenende oder ein paar Wochen, eines gesellschaftlichen Problems anzunehmen und eine App oder eine Software zu schreiben, die positiv zum Gemeinwohl beiträgt. Beispielhaft sei hier das Projekt »Coding da Vinci« angeführt, das die Kultur- mit der Technikszene seit fünf Jahren verbindet und bemerkenswerte Ergebnisse produziert. Die Coder nutzen Fotos, Texte, Audio- und Videofiles oder Patente von Museen, Archiven, Bibliotheken und Lehrstühlen, um Geschichte neu zu interpretieren: durch eine App, die skurrile Zeitungsmeldungen vom Beginn des 20. Jahrhunderts aufs Smartphone bringt; eine Internetseite, die auf einer Berlin-Karte soziale jüdische Strukturen zu Zeiten des Dritten Reichs nachzeichnet; oder ein Spiel, das den Rückgang der Bienenpopulationen in den letzten Jahren thematisiert. »Coding da Vinci« fand bundesweit bisher in mehreren Städten statt, kommt 2018 erstmals nach Leipzig und in die Rhein-Main-Region, und ich halte es für denkbar, unter dem Titel »Hessen hackt« weitere Hackathons zu initiieren. Sie sollen dazu einladen, spielerisch mit den Daten öffentlicher Institutionen und Einrichtungen umzugehen und auszuprobieren, welcher Nutzen noch in ihnen steckt. Das fördert nicht nur soziale Innovationen innerhalb Hessens, sondern auch die digitale Bildung von Kindern, Jugendlichen und, wenn sie teilnehmen mögen, Erwachsenen. Auch die SPD hat bereits einen bundesweiten Hackathon ausgerichtet und sehr gute Erfahrungen damit gemacht. Im Rahmen des Erneuerungsprozesses wird dies verstetigt.

Natürlich gibt es bereits Unternehmen, wissenschaftliche Institute und zivilgesellschaftliche Organisationen, deren Services und Arbeiten für die Öffentlichkeit auf offenen Daten basieren. Aber es gilt, die gesamte Gesellschaft in die digitale Transformation zu integrieren – und offene Daten können ein weiterer Baustein in diesem Prozess sein. Eine begleitende Initiative sollte als organisierende Schnittstelle zwischen den »Anbietern« und den »Abnehmern« koordinieren, die offenen Daten also nutzbar machen und zur Verfügung stellen und die daraus resultierenden Projekte bewerben, um die Akzeptanz zu erhöhen. Die bisherigen gesetzlichen Bestrebungen hessischer Regierungen hinsichtlich der Bereitstellung offener Daten – aber auch der Informationsfreiheit – sind kaum der Rede wert. Hessen steht bei diesen wichtigen Punkten oft an letzter Stelle, andere Bundesländer sind wesentlich fortschrittlicher. Die Verwaltung muss Datenbestände sukzessive und zügig durchforsten und, wenn irgend möglich, für die Zivilgesellschaft und Unternehmen maschinell weiterverarbeitbar freigeben. Fahrpläne zu diesem Ziel sollten sich nicht an den Zyklen von Generationenprojekten orientieren, wie das bisher häufig der Fall war, sondern wesentlich schneller getaktet sein.

Digitale Services der neuen Art – der Staat als Plattformanbieter

Ich habe beschrieben, welche Probleme durch eine unregulierte Plattformökonomie entstehen. Selbstverständlich erfüllen die Plattformunternehmen aber auch Wünsche ihrer Kunden, und das ist nicht nur legitim, es ist auch gut. So wie der Staat auch die Wünsche und Bedürfnisse der Bürgerinnen und Bürger erfüllen sollte. Er sollte ihnen dienen und nützlich sein. Zu diesem Zweck halte ich es für eine gute und in die Zukunft weisende Idee, dass der Bund, aber auch Länder und Kommunen eigene Plattformen für Grundbedürfnisse wie zum Beispiel Wohnen, Mobilität oder Energieversorgung aufbauen, auf denen Daten getauscht und neue Services vom Staat erbracht werden können.

Das Beispiel Santander hat gezeigt, wie eine Stadt sich im Interesse ihrer Bürgerinnen und Bürger in Richtung Smart City entwickeln kann, und zwar im Rahmen eines demokratisch legitimierten Prozesses. Hierfür gab es eine Plattform, auf der der Austausch zwischen Bürgerinnen und Bürgern sowie der Stadtverwaltung möglich war. Diese Plattform existiert weiterhin, die Bürger gestalten darauf ihre lebenswerte städtische Umwelt selbst.

Auch der Austausch über sämtliche Bereiche des öffentlichen städtischen Lebens lässt sich über kommunale Plattformen so gestalten, dass alle teilhaben können. Amsterdam zum Beispiel präsentiert auf seiner Plattform »Amsterdam Smart City« Informationen zu den Themen Infrastruktur und Technologie, Energie- und Wasserversorgung, Abfallwirtschaft und Abfallvermeidung, Mobilität, Verwaltung, Bildung sowie Leben allgemein und generelle Themen der Einwohnerinnen und Einwohner. Die Stadt lässt ihre Bevölkerung auf dieser Plattform nicht nur auf die Informationen zugreifen, sondern auch aktiv an der Gestaltung der städtischen Zukunft teilnehmen.

Bei solchen Projekten geht es um die besten Lösungen für uns alle, es geht aber auch um die Frage, wer hier eigentlich die Gestaltungsmacht hat – wir alle, vertreten durch den öffentlichen Sektor, oder einzelne Unternehmen, deren Interesse privater Natur und nicht dem Gemeinwohl verpflichtet ist? Aus meiner Sicht ist die Antwort eindeutig. Wesentliche Felder wie Stadtentwicklung, Wohnungsbau, Mobilität oder Energieversorgung dürfen wir nicht aus der Hand geben und den Plattformunternehmen überlassen. Im Gegenteil: Wir sollten sie seitens des Bundes, der Länder und Kommunen zunehmend selbst besetzen – damit wir den Bürgerinnen und Bürgern mehr demokratische Teilhabe ermöglichen.

Petitionen müssen bundesweit online gehen

Zukunftsgerichtetes Handeln ist auch bei Petitionen erforderlich. Laut Artikel 17 des Grundgesetzes haben alle Bürgerinnen und Bürger das Recht, »sich einzeln oder in Gemeinschaft mit anderen schriftlich mit Bitten oder Beschwerden an die zuständigen Stellen und an die Volksvertretung zu wenden«. Der Bundestag bietet diese Möglichkeit seit 2005 auch online und lädt dazu ein, eingereichte Vorschläge auf seiner Petitionsplattform zu unterstützen. Noch immer aber haben längst nicht alle Bundesländer nachgezogen. Hessen ist eines davon. Meine Partei und ich haben im Landtag deshalb immer wieder darauf gedrungen, ein Petitionsportal einzurichten, und nach langer Debatte ist es inzwischen möglich, Petitionen digital einzureichen. Öffentlich zeichnen kann man sie so aber noch nicht – das lehnt die CDU weiter vehement ab.

Im Jahr 2018 ist das nicht mehr nachvollziehbar. Alle Bürgerinnen und Bürger müssen in der Lage sein, sich online über Petitionen informieren und diese auf Wunsch auch unterstützen oder bewerben zu können. Zudem brauchen wir ein Quorum, das festlegt, dass jede Petition, die von

5000 Menschen digital unterzeichnet wird, öffentlich im Hessischen Landtag beraten wird und nicht ungelesen in einem Aktenordner verschwindet. Ich halte Petitionen für eine hervorragende Chance, direkte Demokratie, Parlamentsdebatten und unsere Gesetzgebung transparenter zu machen und stärker miteinander zu verzahnen. Zwar sind die Redezeiten bei solchen Anliegen naturgemäß geringer als bei anderen Themen. Unterschätzen sollte man die Wirkung aber auf keinen Fall.

Denken und Handeln – für den digitalen Staat

Der Nationale Normenkontrollrat, dessen Aufgabe es ist, Bürokratie abzubauen und sich für eine effiziente Kostenbegrenzung einzusetzen, hat im Herbst 2017 die öffentliche Verwaltung untersucht. Das Gremium zählte mehr als 200 öffentliche behördliche Register und kritisierte, dass zahlreiche Daten von Bürgerinnen und Bürgern sowie Unternehmen mehrfach vorlägen. Ein Austausch untereinander fände jedoch zu selten statt. Um diesen Missstand zu beheben und die Verwaltung digital zu modernisieren, müssten etwa 2,5 Milliarden Euro ausgegeben werden. Ob diese Summe ausreicht, ist schwer einzuschätzen, zumal es nicht allein mit der Anschaffung neuer Technologien getan ist.

Wir benötigen auch einen Wandel in den Köpfen, was Investitionen betrifft – was die Bundeskanzlerin einschließt. Angela Merkel spricht in diesem Zusammenhang regelmäßig von der »schwäbischen Hausfrau«, deren Tugend, das Geld zusammenzuhalten, die richtige Strategie vorgäbe. Dieses Bild ist falsch. Was wir jetzt viel mehr brauchen, ist der Mut und der Wille der »schwäbischen Unternehmerin«, den Blick auch in wirtschaftlich schwierigen Zeiten nach vorne zu richten und die Zukunft zu gestalten. Für mich steht es außer Frage, dass das Geld sinnvoll investiert wäre – selbst wenn die tatsächlich benötigte Summe größer ausfallen sollte. Der individuelle und gesellschaftliche Gewinn würde das wettmachen.

Zukunft wird gemacht – sozial, demokratisch und digital

Wir leben in einer Zeit des Wandels, und vielleicht ist die Einschätzung einiger Beobachter richtig, dass es noch nie für eine Generation eine so weitreichende Veränderung gegeben hat. Diese Veränderung löst Verunsicherung und manchmal Angst aus. Ich bleibe dabei, dass Angst niemals ein guter Ratgeber ist. Weder individuell noch gesellschaftlich. Wir sind auch in dieser Zeit des Wandels, trotz aller Unklarheit darüber, wo uns die Reise hinführt, nicht ohnmächtig. Wir können den Wandel gestalten, wir dürfen uns ihm nicht einfach ergeben. Darum geht der eigentliche gesellschaftliche Streit: sich zurückziehen und ergeben oder vorangehen und gestalten. Ich will vorangehen und gemeinsam mit vielen anderen die Zukunft jetzt gestalten. Für alle Menschen. Sozial, demokratisch und digital.